心一堂術數古籍珍本叢刊

書名：《地理辨正集註》附《六法金鎖秘》《巒頭指迷真詮》《作法雜綴》等（二）
系列：心一堂術數古籍珍本叢刊　第二輯　堪輿類　212
作者：【清】蔣大鴻　等原著　【清】尋緣居士　輯
主編、責任編輯：陳劍聰
心一堂術數古籍珍本叢刊編校小組：陳劍聰　素聞　鄒偉才　虛白盧主

出版：心一堂有限公司
通訊地址：香港九龍旺角彌敦道六一〇號荷李活商業中心十八樓〇五－〇六室
深港讀者服務中心‧中國深圳市羅湖區立新路六號羅湖商業大厦負一層〇〇八室
電話號碼：(852)67150840
網址：publish.sunyata.cc
電郵：sunyatabook@gmail.com
網店：http://book.sunyata.cc
淘寶店地址：https://shop210782774.taobao.com
微店地址：https://weidian.com/s/1212826297
臉書：https://www.facebook.com/sunyatabook
讀者論壇：http://bbs.sunyata.cc/

版次：二零一八年九月初版
平裝：五冊不分售

定價：港幣　一千二百八十元正
　　　新台幣　四千九百八十元正

國際書號：ISBN 978-988-8266-54-8

香港發行：香港聯合書刊物流有限公司
地址：香港新界大埔汀麗路36號中華商務印刷大厦3樓
電話號碼：(852)2150-2100
傳真號碼：(852)2407-3062
電郵：info@suplogistics.com.hk

台灣發行：秀威資訊科技股份有限公司
地址：台灣台北市內湖區瑞光路七十六巷六十五號一樓
電話號碼：+886-2-2796-3638
傳真號碼：+886-2-2796-1377
網絡書店：www.bodbooks.com.tw
台灣國家書店讀者服務中心：
地址：台灣台北市中山區松江路二〇九號一樓
電話號碼：+886-2-2518-0207
傳真號碼：+886-2-2518-0778
網絡書店：http://www.govbooks.com.tw

中國大陸發行　零售：深圳心一堂文化傳播有限公司
深圳地址：深圳市羅湖區立新路六號羅湖商業大厦負一層〇〇八室
電話號碼：(86)0755-82224934

心一堂微店二維碼

心一堂淘寶店二維碼

青囊序　唐曾求己公安補註

楊公養老看雌雄天下諸書對不同

雌雄者陰陽之別名乃不云陰陽而云雌雄者言陰陽則陰自爲陰陽自爲陽疑乎對待之物互顯其情者也故善言陰陽者必言雌雄觀雌則不必更觀其雄而知必有雄以應之觀雄則不必更觀其雌而知必有雌以配之天地者大雌雄也山川雌雄中之顯象者也地有至陰之氣以招攝天之陽精天之陽氣日下交乎地而無形可見止見其草木百穀春榮秋落蛟龍虫豸升騰蟄藏而已故聖人制婚姻男先乎

女亦以陰之所在陽必求之山河大地其可見之形皆陰也實有不可見之陽以應之所謂雌雄者也故地理家不曰地脈而曰龍神言變化無常不可以跡求者也青囊經所謂陽以求陰陰以含陽者此雌雄也所謂陽本陰陰育陽者此雌雄也所謂陰用陽朝陽用陰應者此雌雄也所謂資陽以昌用陰以成者此雌雄也楊公得青囊之秘洞徹陰陽之理晚年其術益精以此濟世即以此養生然其中秘密惟有看雌雄之一法此外更無他法夫地理之書汗牛充棟獨此一法不肯筆之於書先賢口口相傳間世一出

葢自管郭以來古今知者不能幾人旣非聰明智巧可能推測又豈閎覽博物所得與聞會者一言立曉不知者累牘難明若欲向書卷中求之更河漢矣故曰天下諸書對不同也曾公安親授楊公之秘故其所言深切著明如此彼公安者豈欺我哉

首云看雌雄一部辨正始終惟此兩字耳其訣在於善看所謂看者正指隨地而看山河大地處處有雌雄雌者陰也雄者陽也陰氣有質陽氣無形無形原附於有形有形卽寓於無形陰中有陽陽中有陰專言陰陽陰陽似乎兩截故云雌雄雌雄者如有如無

雌雄者似分似合若以爲無山水托體有跡若以爲有山水施用無形雌雄分而爲二陰陽豈可拆開雌雄合而爲一山水現具兩形合中似乎欲分分之不易分中似乎欲合合之甚難雌雄之有有中不見其有雌雄之無無中實覺其有以無爲無無中彌眞以有爲有有中仍僞雄出乎雌柔生於剛也雌出乎雄陽生於陰也普天之下無非山水滿眼之中都是雌雄合而分分而合有若無無若有雄生雌雌生雄顛顛倒倒奧奧玄玄千變萬化惟此雌雄故下文即以金龍喻之其旨深矣一部辨正靑囊居首較之古今

所有地書其法實不相同故曰天下諸書對不同也
直解雌雄者陰陽交媾之情交媾者天地陰陽化
生萬物之氣也善言陰陽者必言交媾善言交媾
者必言雌雄如舍雌雄交媾而言陰陽則天不生
地不成陰自爲陰陽自爲陽毫不相涉者也世俗
諸書但知有地而不知有天皆因天之氣無形可
見地之形有跡可尋耳善看雌雄者以有形可見
之地測無形可見之天再以無形可見之天合有
形可見之地也夫所見者在地而必求端乎天者
何也蓋其氣之所自來也地有至陰之氣以招攝

天之陽精天之陽氣日下交乎地而無形可見只見草木百穀春榮秋落蛟龍虫豸升騰蟄藏是氣不可見而形可見也以不可見之氣即寓於有可見之形因可見之形即不可見之氣亦可見矣天依形地附氣運行化育於冥冥之中不見而彰不動而變無爲而成即楊公所謂看雌雄者也

一句予曰雌之所在雄必應之知雌之所在則更不必求雄此老子知雄守雌之義也地理之道以雌爲主故曰雌雄而不曰雄雌對不同者大不同之中固有大相同者存焉萬化之本於一原也大相同之中

實有大不同者分焉一本之散爲萬殊也同中有異異中有同廣而言之有氣同而器不同者有水同而虛不同者有山同而散不同者有去同而區不同者有來同而貧不同者有地同而體不同者有人同而任不同者有事同而使不同者有體同而用不同者有時同而勢不同者隨所指點總有一不同者在隨所擬議及總有一太同者在

先看金龍動不動次察血脈認來龍

此以下乃言看雌雄之法也金龍者氣之無形者也龍本非金而云金龍者乃乾陽金氣之所生故曰金

龍動則屬陽靜則屬陰氣以動爲生以靜爲死生者可用死者不可用其動大者則大用之其動小者則小用之此以龍之形象言也形象既得斯可辨其方位矣血脈即金龍之血脈非龍而實龍之所自來所謂雌雄者也觀血脈之所自來即知龍之所自來矣察察其血脈之來自何方也知血脈之來自何方即可認龍之來自何方矣此楊公看雌雄之秘訣而非世人倒杖步量之死格局也

俗註辰戌丑未四金惡煞爲金龍者非

雌雄看法惟在金龍動靜金龍者無跡可尋山水者

有形可觀以有形之陰質求無形之陽氣全憑看法如何看者看其氣運消長也山山水水皆可取用必先察其動否其動處從何辨之辨其交媾而已金龍大動者大用之小動者小用之動則爲陽陽主吉也即易所謂貴陽賤陰之意耳

直解看即看無形之氣無形之氣化育萬物千變無窮故名之曰金龍動不動者即氣之盈虛消長陰陽往來也察者察也即察無形之氣消與長也知氣之消與長即可認金龍之得與失矣得爲動不得即爲不動非山行水曲之動不動也

一勺子曰地理以雌爲主宜乎以察血脈爲先但血脈者金龍之血脈也金龍不動雖有血脈無所用之金龍旣動血脈不眞亦無所用惟金龍動而血脈又眞一看一察是曾公示人下手捷徑

龍分兩片陰陽取水對三叉細認踪

兩片卽雌雄陰在此則陽必在彼兩路相交也三叉卽後城門界水合處必有三叉細認踪卽察血脈以認來龍也知三叉之在何方則知來龍之屬何脈矣

俗註以兩片爲左旋右旋以三叉爲生旺墓非

凡物必有對待有對待乃有陰陽有陰陽乃有交姤

兩片者卽山水兩片也山爲陰水屬陽一山一水皆有交媾所謂陰以求陽陽以含陰者是也陰陽配合是爲眞夫婦陰陽分開乃成眞三义三义者城門也分者分其入首兩片對者認其三义何在如果兩片不離三义不漏一點一滴皆是精液所云一片未曾不是兩片兩片仍然一片故曰細認踪也

直解山一片水一片空一片實一片來一片往一片來有來之用法往有往之用法故云能分兩片陰陽取也空一片卽天一片天運循環元氣流行消長不一往來無定全憑心法趣其將來避其已

往來者為動為陽往者為靜為陰此分空一片之兩片也實一片即地一片地有背面生死起伏行止須憑眼力揀生棄死去背就面面者為陽為生背者為陰為死此分實一片之兩片也三乂即水口細認踪者細認山上水裏之元空得與失也知得與失方知察血脈認來龍之法矣

一勺子曰兩片是一天一地三乂是一陰一陽交界處其取兩片認三乂之法則分先天坤艮老陰乾兌老陽為一片分先天震離少陰坎巽少陽為一片加先天乾陽之氣發於九天之上必得坤地積陰之氣

應於九地之下既得坤地積陰之氣應而又得艮山兌澤之氣參贊之輔治之於是乾陽之氣而與山澤鼓生機而不息矣先天離東日精之氣耀於震旦之中必得坎西月華之氣應於坤土之下既得坎西月華之氣應而又得震雷巽風之氣以鼓盪之以震動之於是離日之氣來而與風雷神變化以無窮矣是所謂陰陽取也倘遇斜入正而正入斜橫入縱而縱入橫不必着眼

江南龍來江北望江西龍去望江東

此所謂兩片也金龍本在江南而所望之氣脈反在

江北金龍本在江西而所望之氣脈反在江東蓋以有形之陰脅求無形之陽氣也楊公看雌雄之法皆從空處爲眞龍故立其名曰大玄空雖云兩片實一片也

俗註江南午丁未坤爲一卦江北子癸丑艮爲一卦共一父母江西申庚酉辛戌乾亥壬爲一卦江東寅甲卯乙辰巽巳丙爲一卦共一父母兩卦之中互相立向者非

山水有一定之體而無一定之用故曾公以龍喻之龍有冬夏之分冬則潛伏不動夏則興騰變化龍有

生死之分生者可用死者不可用也莫以概謂是龍
而皆可取用耶所謂望者當面對看也即寶照經所
云乾坤艮巽天然穴水來當面是眞龍者此之謂也
故曰江南龍來江北望江西龍去望江東者亦此意
也如或有陰無陽則爲勿用之潛龍此陰之必求於
陽也易曰時乘六龍以御天則爲在天之飛龍豈非
時之變化乎時無一定而有東西南北之分皆以有
形之陰質求無形之陽氣得其生旺在在可用序文
下一望字妙不可測非如三合書中徒知其陰不知
其陽孤陰獨陽何能生育所以爲之僞書玄空大卦

惟在於時所謂時哉不可失者其斯之謂歟

直解江南江北江東江西卽陰陽顛倒顛察血脈認來龍之意上節雖云兩片實一片也金龍之兩片卽已往一片將來一片蓋彼來則此往此往則彼來有來自有往有往自有來來極則往七極則來來卽往之始往卽來之源何有兩片耶

一勺子曰玩四江字是明明指出以水爲龍之法龍來本在江南而所望之氣脈却在江北如南方江水一折則知北方龍脈一來三折四折則知龍脈三來四來折愈多而來愈厚則氣愈太力愈深矣

是以聖人卜河洛瀍澗二水交華嵩相其陰陽觀流泉卜年卜世宅都宮

此即周公卜洛之事以證地理之道惟在察血脈認來龍也聖人作都不言華嵩之脈絡而言瀍澗之相交則知所認之來龍認之以瀍澗也又引公劉遷豳相陰陽觀流泉以合觀之見聖人作法千古一揆也

此言地學之道古聖作用亦是此理耳

直解上文所云察血脈認來龍對三叉細認踪者楊公恐人不信此訣特引聖人之相陰陽觀流泉以證千古一法也

一勺子曰於瀍澗二水看出華嵩脈絡此交字卽城門訣也

晉世景純傳此術演經立義出玄空朱雀發源生旺氣一一講說開愚蒙

推原元空大卦不始於楊公葢郭景純先得青囊之秘演而立之直追周公制作之精意者也乃其義不過欲朱雀發源得生旺之氣耳來源旣得生旺卽是來龍生旺而諸福坐致矣來源若非生旺則來龍亦非生旺而禍不旋踵矣景純當日以此開喩愚蒙其如愚蒙之領會者少也

俗註龍取生旺之氣於穴中水取生旺之氣於穴前又指氣之生旺爲長生帝旺墓庫合三义者非生旺發源朱雀其氣固旺若非透徹箇中之理旺可轉衰必須詳其生旺而後乃可取用古聖見之眞信之篤故云開喻愚蒙耳

直解上二句推原挨星之法所自來下二句詳言向首一星之妙用

一勺子曰此生旺是元空大卦之生旺而非長生帝旺之說也但元空正運之生旺山上有山上之生旺水裡有水裡之生旺若山是生旺水不是生旺或水

是生旺山不是生旺則謂之駁雜禍福相半其法將中五立極之處挨轉得山上之生旺又得水上之生旺而后謂之能出煞謂之能收水故元空大卦先要知生之所以爲生旺之所以爲旺蓋生是生龍旺是旺龍乃乾坤眞消息一遇死煞急宜避之

一生二兮二生三三生萬物是元關山管山兮水管水
此是陰陽不待言

陰陽之妙用始於一有一爻卽有三爻有一卦卽有三卦故曰一生二二生三此乃天地之玄關萬物生生之橐籥也又恐後人認山水爲一而不知辨別故

言山之元空自管山而水之元關自管水不相混雜
葢山有山之陰陽而水有水之陰陽爾通乎此義則
世之言龍穴砂水者眞未夢見矣
俗註生旺墓三合爲元關者非
有一爻即有三爻人所知之有一卦即有三卦人所
不知三卦立局何爲合格知者鮮矣今注此節畧述
義經大旨試以地天泰卦言之其外爻純陰其內爻
純陽外疵內醕德存於內故大忠似佞秉乾之剛而
爲君子若否卦則反是外欽內肆內存不仁所以大
奸如忠從坤之柔而爲小人旣爲小人造物何不除

之然世無小人不顯君子之德化朝無君子小人恃其凶險凶險必至於極極則自相殘害君子當權必以理法化之不順命則殺之殺之而不怨其凶消矣蓋君子小人所公共者惟此一理而已若君子失政小人亦無忌憚雖加以法不能威服其心必致上蹂而下漫上蹂下漫乃成陽孤陰獨猶之山自管山水自管水其用不同其性各殊故曰陰陽不待言也

直解一極於四三極於九故數始於一而終於九也蓋天覆地載萬事萬物不外乎此是謂元關山管山水管水者山有山之陰陽五行推其順逆生

死水有水之陰陽五行推其順逆生死蓋山自爲
　山水自爲水故云陰陽不待言也
一句子曰一者太極二者陰陽三者天地人也有天
有地有人而萬物生焉此其生生之妙最元關其中
有陰交陽而生者矣有陽媾陰而生者矣山有山之
陰陽以化生而水非所論山自管山也水有水之陰
陽以化生而山非所論水自管水也此是山水之大
陰陽此是陰陽之大作用

識得陰陽元妙理知其衰旺生與死不問坐山與來水
但逢死氣皆無取

此節暢言地理之要只在衰旺生死之辨也衰旺有運生死乘時陰陽元妙之理在乎知時而已坐山有坐山之氣運來水有來水之氣運所謂山管山水管水也二者皆須趨生而避死從旺而去衰然欲識得此理非眞知河洛之秘者不能豈俗師所傳龍上五行收山向上五行收水順逆長生之說所能按圖而索驥者乎

坐山與水各有卦氣故云不同而不同之中又有同焉所謂衰能爲旺旺能爲衰者但看其天運如何耳

直解此節承上文看金龍分兩片而言也玄妙是

陰陽往來之玄妙生死是氣運消長之生死氣運消長之生死蓋以當元者爲旺將來者爲生方去者爲衰去已久者爲死下二句總言上山下水之趨避耳

一句子曰元空妙義只在生旺衰死平困坐山取坐山之生旺來水取來水之生旺衰死之氣來水要放出坐山更要放出

先天羅經十二支後天再用干與維八干四維輔支位

子母公孫同此推

羅經二十四路已成之跡人人所知何須特舉此節

非言羅經制造之法葢將羅經直指雌雄交媾之元關以明衰旺生死之作用爾十二支乃周天列宿之十二次舍故曰先天地道法天雖有十二宮而位分八卦每卦三爻則十二宮不足以盡地之數故十干取戊己歸中以爲皇極而分布八干爲四正之輔佐然猶未足卦爻之數遂以四隅四卦補成三八於是卦爲之母而二十四路爲之子焉卦爲之公而二十四路爲之孫焉識得子母公孫則雌雄之交媾在此金龍之血脈在此龍神之衰旺生死亦盡乎此矣

俗註子寅辰寅丙乙一龍爲公午申戌坤辛壬二龍

爲母卯巳丑艮庚丁三龍爲子酉未亥巽癸甲四龍爲孫非天化而生地化而成不化不成則無天地矣無天地則無陰陽矣無陰陽則無八卦干支矣無干支亦無子母公孫矣此言子母公孫仍言卦理非云羅經四經五行之僞說也

直解上二句言二十四山不易之定位下二句分析八干四維十二支之子母公孫十二支之子母公孫既分則某爲公某爲孫某爲子母都在於斯一句子曰一卦有一卦之子母一卦有一卦之公孫

二十四路總從我所下之卦推起消納從天卦有父之道胎息從地卦有母之道此父母二卦顛倒輪之之法故下文直接二十四山分順逆云　一

二十四山分順逆共成四十有八局五行卽在此中分祖宗却從陰陽出陽從左邊團團轉陰從右路轉相通有人識得陰陽者何愁大地不相逢

此一節申言上文未盡之旨也子母公孫如何取用蓋二十四山止應二十四局而一山之局又有順逆、不同如有順子一局卽有逆子一局一山兩局豈非四十八局乎此局得何五行則龍神得何五行五行不在此中分乎然五行之根源宗祖非取有形可見有跡可尋之二十四山分五行乃從元空大卦雌雄交媾之眞陰眞陽分五行也論至此元空下卦之義幾乎盡矣而又恐人不知陰陽爲何物故重言以申明之曰如陽從左邊團團轉則陰必從右路轉相通言有陰卽有陽有陽卽有陰所謂陰陽相見雌雄交媾元空大卦之秘旨也言左右則上下四旁皆如是矣此卽上文龍分兩片江南龍來江北望之意而反覆言之者也其奈世人止從形跡上着眼不能領會元空大卦之妙故又發嘆曰有人識得此理者乃識

眞陰陽眞五行眞血脈眞龍神隨所指點皆天機之妙何愁大地不相逢乎若不識此雖大地當前目迷五色未有能得其眞者也

俗註陽龍左行爲順陰龍右行爲逆陽亥龍左行爲甲木陰亥龍右行爲乙木之類非

順局既有逆局豈無因分順子逆子兩局於二十四山合之共成四十八局此五行者元空大卦辨五行分順逆以定局中龍神所屬故云祖宗祖宗者即上文龍分兩片陰陽取者是也所云陽從左邊團團轉者蓋以無形之陽氣求陰質之所在一陰一陽兩相

感應又云陰從右路轉相通者則以有形之陰質交無形之陽氣一山一水兩相愛慕知此是爲陰陽相見福祿永貞特患人自不識耳苟能識得箇中妙理山河大地處處交媾又何患大地之不相逢哉

直解分者卽分兩片也兩片者一顛一倒一往一來一順一逆也分得順逆顛倒自然共成四十有八局然分作四十八局何益蓋九星流轉氣運循環八卦九宮卽從此而轉順者順逆者逆故曰此中分但五行之根源宗祖非取有形可見有跡可尋二十四山所分之五行也要從大元空卦中求

天心之一卦流動九宮則甲癸申非盡貪狼而與貪狼爲一例艮丙辛非盡破軍而與破軍爲一例此卽所謂星辰流轉要相逢順逆卽在此中分也知此則一定之氣可求而得一定之用法亦可求而得一卦之氣既可求而得豈非起星下卦之根源祖宗耶要在未立向以前將水之去來山之入首四面八方仔細看到排定方位後用挨星之法審其某水合某水不合某山合某山不合另尋別向挨到處處合時合運補救直達兼得方可知此則向之兼左兼右兼干兼支之法無不在其中矣

有人識得流轉變遷隨時而在之陰陽者何愁大地不相逢乎　盈虛消長之道本上下無常進退無恒者也分者卽從無常無恒之中分其進退定其上下辨其陰陽分其逆順如是無常者似乎有常無恒者亦若有恒矣

一勺子曰廿四山之順逆以時令爲轉移乾亥壬艮寅甲巽巳丙坤申庚十二陽位也有時占陰則不號陽矣子癸丑卯乙辰午丁未酉辛戌十二陰位也有時占陽則不屬陰矣有陽順陰逆爲二十四路之順局卽有陰順陽逆爲二十四路之逆局五行卽在此

中分此中二字是指大卦言祖宗却從陰陽出陰陽
即大卦之陰陽言祖宗父母即從大卦陰陽出也陽
從左邊團團轉陰從右路轉相通是順起之二十四
局陰從左邊團團轉陽從右路轉相通是逆起之二
十四局不言逆局者大卦起星以陽順陰逆爲主也
其用陰順陽逆之局是五行翻値向者此旺丁財古
仙不重故也一山兩用若星卦純全地力敦厚有人
識得覔大地不難矣

陽山陽向水流陽執定此說甚荒唐陰山陰向水流陰
笑殺拘泥都一般若能勘破個中理妙用本來同一體

陰陽相見兩爲難一山一水何必言

又言所謂識得陰陽者乃元空大卦眞陰眞陽而非世之所謂淨陰淨陽也若據淨陰淨陽之說則陽山必須陽向而水流陽陰山必須陰向而水流陰時師拘拘於此而不知其實無益也眞陰眞陽自有個中之妙世人不得眞傳無從勘破耳若有明師指點一言之下立時勘破則知不但淨陰淨陽不可分所謂眞陰眞陽者雖有陰陽之名而止是一物又何從分既知陰陽爲一物則隨手拈來無非妙用山與水爲一體陰與陽爲一體二十四山卦氣相通者皆爲一

體矣夫淨陰淨陽者一山止論一山之陰陽一水止論一水之陰陽故拘執有形不能觸類旁通耳元空大卦一山不論一山之陰陽而論與此山相見之陰陽所以爲難知難能而入於微妙之域此豈淨陰淨陽之說拘於有形者所可同年而語哉

能明箇中之理則知陰陽爲一體山水爲一體二十四路卦氣皆可相通爲一體矣若分而二之則二十四路莫不分之爲二矣然在在山水衆所共見在在陰陽衆所莫辨共見而可辨者山之與水共見而莫辨者陰之與陽陰陽消息分之不可合之又不可故

曰兩難盡陰陽非論一山一水之陰陽乃論此山此水相見之陰陽即所謂眞陰眞陽之交媾也蔣公註云一言指點立時勘破惟看福緣如何耳世人欲明玄機之理先向易中深求而後再看此書方能由淺入奧夫至大者莫如天地不向難中深求而欲得眞道者古今未有之事也試觀近日論三元者徒知三元之名其於眞陰眞陽五行生尅三結三法之茫無頭緒嗟乎臆度相傳自信爲得叩其所得不過三卦之皮毛耳即或粗知卦局局亦死矣此局卦亦強設此卦無惑乎若輩終身只作門外漢耳

直解山上龍神在山水裏龍神在水此即謂陽山陽水此陰陽以來者爲陽往者爲陰當令者爲陽失運者爲陰生者爲陽死者爲陰非世所謂左旋右轉也亦非以山爲陰而水爲陽也又非以紅字爲陽黑字爲陰也又非以干屬陽支屬陰也此關一破萬卷青囊緜緜入扣矣陰陽即往來來即往往即來來與往一氣相貫本無二物須參與時偕行與時偕極即往來流動之中在在有一陰一陽隨時而在者也隨時而在乃是眞陰陽眞五行眞玄空眞血脈眞龍神若拘拘於干支卦位左轉右

倒者何知個中之妙耶陰陽相見兩爲難者山上排龍水上排龍雌雄相見也此相見非坎龍必須離水之相見兌龍必須震水之相見要山上排龍排到水裡水裡排龍排到山上山上水裡或來者與往者相見或得者與失者相見或山與水相見或水與山相見或相見之於山或相見之於水或山與水都相見者此謂之兩難註云一山不論一山之陰陽而論與此山相見之陰陽一水不論一水之陰陽而論與此水相見之陰陽數語眞屬玄妙難知當細細察之如曉得此山此水相見之陰

陽方知山與水爲一體陰與陽爲一體二十四山卦氣相通者皆爲一體矣豈拘拘於形跡者所可同年而語哉

一勺子曰陽山陽向四句破俗術之謬個中理卽陰陽相見之妙用一山一水或陽與陰交或陰與陽交無出卦之處無混雜之弊山水之陰陽卽元空之陰陽兩兩相見山之陰陽相配水之陰陽相配而大地成矣

二十四山雙雙起少有時師通此義五行分布二十四時師此訣何曾記

此即上文二十四山分順逆之義而重言以嘆美之雙雙起者一順一逆一山兩用故曰雙雙也五行分布者二十四山各自爲五行不相假借也雖如此云而其中實有奧義惟得秘訣者乃能通之時師但從書卷中搜索必不得之數也即此可見二十四山成格有定執指南者人人能言之而微妙之機不可測識矣

俗註乾亥爲一甲卯爲一丁未爲一之類釋雙雙起者非

恐人不明二十四山順逆之理故又承上言之非有

他義也

直解此處要順輪者有彼處要逆佈者此時要順排者彼時要逆挨者一山兩用故曰雙七也且二十四山定陰陽分五行起星下卦之法其秘盡在雙雙二字之內能於此中推測可得五行分佈之奧矣

一句子曰雙七起者一山雙用也陰即是陰陽即是陽爲一起陽不是陽陰不是陰爲一起一順一逆由乎爲零爲正其起星條例見於奧語卷首

山上龍神不下水水裡龍神不上山用此量山與步水

百里江山一晌間

此卽上文山管山水管水之義而重言以嘆美之且又以世人之論龍神但以山之脈絡可尋者爲龍神卽其所用水法亦以山龍之法下求乎水以資其用耳不知山與水乃各自有龍神也特爲指出以正告天下後世焉山上龍神以山爲龍者也專以山之陰陽五行推順逆生死而水非所論水裡龍神以水爲龍者也專以水之陰陽五行推順逆生死而山非所論剛柔異質燥濕殊性分路揚鑣不相假也卽有山龍而兼得水龍之氣者亦山自爲山水自爲水非可

以山之陰陽五行混入乎水之陰陽五行也山則量山以辨山之純雜長短水則步水以辨水之純雜長短得此山水分用之法百里江山一覽在目此青囊之秘訣亦青囊之提訣也嗚呼此言自曾公安剖露以來於今幾何年矣而世無一人知者哀哉

俗註論山用雙山五行從地卦查來龍入首論水用三合五行從天卦查水神去來者非

今人看平洋取山爲靠托不但無益反失平洋眞情山水二龍未可牽混也前言山管山分水管水此言山上水裡龍神各殊不過反復叮嚀奈世人自不悟

耳葢山水二龍各有衰旺生死之辨不相假借譬之草木花卉何以四季不齊亦非天地所偏乃其質性如此若山與水背可不分何以山龍之穴向此一水龍之穴向有三緣其剛柔異質所以此旺彼衰此衰彼旺耳故天元歌云水路本是後天成不向山骨先天生又曰撰出後天生與尅豈解先天大五行蔣公撰出此歌不啻舌爛唇焦何後人執迷不悟至此耶即姜氏所云失其一并失其二此千古之定論也

直解山用順水用逆俗註已明水用逆而星仍用順時師未曉此青囊之秘訣即青囊之捷訣也所

云龍神非來龍來脈之龍神是挨星生旺之龍神山上挨得生旺之龍神謂之葬著旺龍當代發水裡挨得生旺之龍神謂之葬著天心發豈遲者耶山自爲山水自爲水不相假借也

一勺子曰山上龍神是以山之行度曲折爲龍者也山行則龍行山轉則龍轉一遇水交則龍止矣固不分乎明暗淺深也水裡龍神以水之灣曲盤旋爲龍者也水行則龍行水轉則龍轉一遇山起則龍止矣亦不辨乎堆阜厚薄也是故山龍之氣自高而下見水則住水龍之氣自底而上見山則息不下水不上

山由於來氣不同止氣亦異所以山上用法用以量
山水上用法用以步水山法水法分路揚鑣各致其
用故青囊上篇明雌雄交媾步水之法爲多青囊中
篇明地形天星量山之訣不少山水二訣截然不同
此天玉奧語與玉尺催官時相牴牾也學者深造而
得其極允矣步武楊曾矣

更有淨陰淨陽法前後八尺不宜雜斜正受來陰陽取
氣乘生旺方無煞來山起頂須要知三節四節不須拘
只要龍神得生旺陰陽卻與穴中殊

此淨陰淨陽非陽龍陽向水流陽之淨陰淨陽也蓋

龍脈只從一卦來則謂之淨若雜他卦即謂之不淨
而辨淨與不淨尤在貼身一節或從前來或從後至
須極清純不得混雜八尺言其最近也言此尤為扼
要所謂血脈也一節以後則少寬矣此節須純乎龍
運生旺之氣若一雜他氣即是煞氣吉中有凶矣來
水如此來山亦然須審其起頂出脈結穴一二節之
近要得龍神生旺之氣蓋龍頂上聚受氣廣博能操
禍福之柄即或直來側受之穴結穴之處與來脈不
同而小不勝大可無慮也此以知山上龍神水裏龍
神皆以來脈求生旺而尤重在到頭一節學者不可

不愼也

俗註以左轉右轉順逆爲陰陽者非

此言淨者乃一卦純淨不雜之謂其要尤重到頭一節故云八尺八尺卽貼身也爲禍爲福其應甚速若小不勝大以水制之亦可發福切勿吹毛求疵也

直解來山來水處處均歸一路卽爲淨如出他卦卽爲不淨惟入首一節更不宜夾雜故特辨之乘氣收水其法不一或有斜受或有正受或陰來陽受或陽來陰受急來緩受緩來急受要而言之生氣在左則左在右則右隨地取裁不可執一者也

來山起頂者穴後主山之頂也須要知者要知主山之頂屬何方位屬何星體也穴有穴頂穴頂之方位星辰亦要辨別清楚去穴遠者不必拘拘屬何星體也只要合乎生旺爲妙然此生旺兼體用而言宜細細察之

一句子曰前後八尺是穴中之陰陽斜正受來是頂脉之陰陽頂脉之陰陽不雜他卦謂之淨穴中之陰陽應下何爻謂之殊蓋三節四節龍神起頂已得生旺斜正受來承氣又得生旺則收得陽神定而煞出矣但穴中之陰陽三般卦內一卦三用該用那一卦

方是眞雌雄方成眞眞配偶故曰穴中殊也

天上星辰似織羅水交三叉要相過水發城門須要會郤如湖裡雁交鵝

此以天象之經緯喻水法之交會也列宿分布周天而無七政以交錯其中則乾道不成而四時失紀矣幹水流行地中而無支流以界割其際則地氣不收而立穴無據矣故二十四山之水其間必有交道相過然後血脈眞而金龍動大幹小支兩水相會合成三叉而出所謂城門者是也湖裡雁交鵝言一水從左來一水從右來兩水相遇如鵝雁之一來一往也

詳言水龍審脈之法而立穴之妙在其中矣
此言二十四山之水滂流入表大幹支流渺茫渙散
有似星辰之分布地道法天取用不可不愼也其云
雁交鵝者蓋雁形類鵝皆喜近水故取喩之此言大
幹行龍小水結穴若雁鵝之相交城門即水口也水
口交鎖織結一往一來恰如雁鵝故曰湖裡雁交鵝
也
直解上二句取天象之經緯喩水法之交會下二
句以雁鵝之往來比流神之屈曲然大幹小枝兩
水相會合成三乂必有枝流界割其間則地氣收

東立穴有據矣所謂氣無界不收龍無界不清脈無界不止穴無界不的即此意也

一勺子曰雁天上之禽鵝地下之禽雁交鵝是陽鳥之下交於陰鳥也必鵝之體能配夫雁而後雁於是始交於鵝若鵝非雁侶則亦雁自雁而鵝自鵝而已一交字一如字極意形容必認得交處眞而鵝雁之情意始得三义城門即在交上見之

富貴貧賤在水神水是山家血脈精山靜水動晝夜定水主財祿山人丁乾坤艮巽號御街四大尊神在內排生尅須憑五行布要識天機元妙處乾坤艮巽水長流

吉神先人家豪富

乾坤艮巽各有衰旺生死非可概用須用五行辨其生尅生卽生旺尅卽衰死生爲吉神死爲凶神要在元空大卦故云天機元妙處也

此節總結前章之意言人能知玄空大卦之妙理以此擇地子孫富貴皆在其中矣

直解山主靜水主動山管人丁水管財祿水法美主財祿豐盈龍氣佳主人丁與旺水形屈曲曰御街非以方位爲御街也四大尊神卽衰旺生死將此衰旺生死排在乾坤艮巽水中故曰在內排天

機卽天運吉神先入謂當收得生旺爲先也　先到先收亦謂之先入

一句子曰生尅須憑五行布是山上制化大作用且山山有一四大尊神可排非僅乾坤艮巽內也故云天機元妙

請驗一家舊日墳十墳埋下九墳貧惟有一墳能發福去水來山盡合情

直解如十墳用十處有山情好者有水法好者有山水無情者有發福者有衰敗者地非一處盛衰亦無一定自然之理也楊公獨舉十墳埋下之句

葢屬假借之辭申言用法之得弗得也謂此十墳用於一處則九墳之前後左右來山去水坐山朝向乘氣收水方位干支與此一墳總是一般模樣旣是一般則九墳之盛衰宜與此墳一般爲是乃九墳敗一墳發者何也而墳之形局雖同所用之時各有先後時有先後坐山朝向雖是一般在在之陰陽各別陰陽旣別則五行之消長氣運之盈虛自有合與不合合情者惟此一墳體與用消與長處處用得合法也

一勺子曰爰臨古跡考其應驗是堪輿得力之秘去

水來山件件合情是一墳發福之秘

宗廟本是陰陽元得四失六難爲全三才六建雖爲妙
得三失五盡爲偏蓋因一行擾外國遂把五行顛倒編
以訛傳訛竟不明所以禍福爲胡亂

此節旁引世俗五行之謬以見地理之道惟有元空
大卦看雌雄之法所以尊師傳戒後學也蓋唐以後
諸家五行雜亂而出將以擾外國而反以禍中華至
今以訛傳訛流毒萬世曾公所以辨之深切也歟
陰陽大道天地原欲人知人與天地共此一氣豈有
不欲使人知之乎特恐知之者不能三緘其口不辨

德惡胡言妄作以逆天地天地實所不容也顧或者
曰惡人得佳壤德者得凶地地自改變耳此論縱然
乃愚夫俗子之見也嗟乎螻蟻尚知天時草木亦隨
時令此等之人不如蟻虫草木多矣天地豈因一人
而使之改變地形乎德惡本天地所重其賞善罰惡
之心比人更甚何也試觀青囊未顯以前一行僞書
早傳於世一行非欲以僞書害人奉太宗之勑也亦
非太宗氣度不宏太宗天之子也天欲賞德罰惡爲
予者敢不代傳其命乎楊公相去一行年約二百之
遥天已逆料青囊將顯故使一行造書傳世佈滿宇

宙至楊公時僞書已有百二十家縱有青囊三卷難
排百二之多紫以奪朱邪以亂正豈非天地之用心
比人更深遠也

直解宗廟二字是五行之名號得三失五得四失
六者非盡善之謂也

總論此篇章句無多言陰陽之變化詳五行之生尅
論山論水避死趨生其中義理精蘊括盡元機之妙
曾公名其序曰青囊亦可謂無愧矣余自從弱冠初
参此書意中似乎可得所論無非一山一水其言惟
有一陰一陽反覆詳之一陰一陽化出無數陰陽一

山一水生出千山萬水日看日迷愈參愈奧偶看一節自爲已是及觀下文始知前是皆非而經年屢月自前合後看至幾千遍之多又因家貧乏貲惟有自嗟自悲耳然欲悟之心未能少釋而後復參數年雖在窮苦憊甚之際亦是付之度外由此漸能領會又數年餘甫得青囊大旨前之千山萬水無非一山一水前之無數陰陽惟有一陰一陽竟與初參之意相合豁然而得之矣今証此書蔣公云直捷了當誠如斯語也

一勺子曰堪輿家言一訛於儒士未具神識妄自立

說二訛於俗術偶中其言自逞臆見三訛於果得眞傳實見奧義之師其著書也說一半藏一半辭多隱約不敢將天機秘妙盡告世人固不僅一行禪師獨任其咎也嘗慨地理書滿架滿軸無一部可讀亦無一部不可讀也得四失六得三失五其可讀乎然因失六并廢其四因失五而兼棄其三又將何所憑藉以爲入道之門乎

青囊奧語　唐楊益筠松譔　無心道人增補直解

楊公得青囊正訣約其旨爲奧語以元空之理氣用五行之星體而高山平地之作法已該括於其中然

非得眞傳口訣者索之章句之末終不能辨謂之奧語誠哉其奧語也姜垚汝臯氏註

坤壬乙巨門從頭出艮丙辛位位是破軍巽辰亥盡是武曲位甲癸申貪狼一路行

姜氏曰挨星五行卽九星五行也貪巨祿文廉武破輔弼一一挨去故曰挨星元空大卦五行亦卽挨星五行名異而實同者也此五行原本洛書九氣而上應北斗主宰天地化育之道幹維元運萬古而不能外也此九星與八宮掌訣九星不同唐使僧一行作卦例以擾外國專取貪巨武爲三吉其實非也夫九

星乃七政之根原八卦乃乾坤之法象皆天寶地符精華妙氣顧於其中分彼此辨優劣眞庸愚之識詭怪之談矣非是天地流行之妙與時相合者吉與時相背者凶故九星八卦本無不吉而有時乎吉本無有凶而有時乎凶所以其中有趨有避眞機妙用全須秘密耳眞知九星者豈惟貪巨武爲三吉卽破祿廉文輔弼五凶亦有吉時眞知八卦者豈惟坎離乾坤四陽卦爲凶卽震艮巽兌四陰卦亦有凶時斯得元空大卦之眞訣矣與語首揭此章乃挨星大卦之條例坤壬乙非盡巨門而與巨門爲一例艮丙辛非

盡破軍而與破軍爲一例巽辰亥非盡武曲而與武曲爲一例甲癸申非盡貪狼而與貪狼爲一例此中隱然有挨星口訣必得眞傳乃可推測而得若舊注以坤壬乙天干從申子辰三合爲水局故曰文曲艮丙辛天干從寅午戌三合爲火局故曰廉貞之類謬矣又有云長生爲貪狼臨官爲巨門帝旺爲武曲亦謬

挨星一法爲地理薪傳學者欲明挨星務要詳玩辨正章句再看逐節註釋半爲玄空金丹一旦豁然貫通方可由淺入深乃知起星下卦之訣卽寓經傳之

內但其理玄妙如環無端不可拘拘於一法也葢山有山之挨法水有水之挨法穴有上下內外之挨法故舉坤壬乙艮丙辛巽辰亥甲癸申各爲一例須知此四例非盡巨門破軍武曲貪狼也苟知諸般挨法其於元空大卦之理已得其妙矣

直解挨星五行卽九星五行貪巨祿文廉武破輔弼一一挨去故曰挨星此五行原本洛書九氣而上應北斗主宰天地化育之道其氣無形可見者也無形之氣爲天所行也有形之質爲地所行也一二三四五六七八九卽大五行爲天行氣爲地

行形之次序非水火木金之在天成象又非方圓直銳之在地成形又非東木西金之方位又非坎水離火之卦屬故名之曰大玄空此五行隨氣變遷隨運轉移天心一動九宮便更名非有定氣隨星分故曰非巨門而與巨門爲一例非破軍而與破軍爲一例如是則下卦起星之訣定卦分星之輿亦曉然矣若拘拘於字義則與玄空二字之意不合

一句子曰挨星條例與語止有十二尚逸其半宜補足以免遺漏逸語云子未卯一三祿存倒乾戌巳文

曲共廉亥寅庚丁以例作輔星午酉丑右弼七八九見於蔣氏盤式別有范宜賓乾坤法竅刊古楊盤式起星訛謬且人册舛錯頗多又奚容醜詆槩九升卽第元空正運章實具大學問不可疵議其或高人隱秘其說未可知也

左爲陽子癸至亥壬右爲陰午丁至巳丙

姜氏曰此節言大五行陰陽交媾之例如陽在子癸至亥壬則陰必在午丁至巳丙矣自子至壬自午至丙路路有陽路路有陰以此爲例須人自悟也非拘定左邊爲陽右邊爲陰若陰在左邊則陽又在右邊

矣亦可云左右亦可云東西亦可云前後亦可云南
北皆不定之位雌雄交媾非有死法故曰元空舊注
自子丑至戌亥左旋爲陽自午至申未右旋爲陰謬
矣

此言陰陽之理不可執定干支何爲陰干陰支何爲
陽干陽支須當活看如照版格死法用事元空之旨
不能明矣非子癸至亥壬竟爲陽午丁至巳丙竟爲
陰故曰以此爲例也

直解陰陽左右是天地交媾之眞陰眞陽如陽在
子癸陰必在午丁陽在午丁陰必在子癸陽在左

陰必在右陽在右陰必在左八卦四隅路路有陽路路有陰非拘定左邊爲陽右邊爲陰也陰陽有一定之氣無一定之所陰陽雖無定所隨時而在者也若拘匕於子癸午丁亥壬巳丙順則皆順逆則皆逆何來左與右耶楊公恐人拘定故特辨之自五至六爲陽爲左自五至四爲陰爲右來爲左爲陽往爲右爲陰能分來往左右之陰陽方知陽在彼陰必在此之理矣

一勺子曰左爲陽四維之左爲陽位其挨法子癸至亥壬爲順壬亥至癸子爲逆右爲陰四正之左爲陰

仍其挨法丙巳至丁午爲順午丁至巳丙爲逆蓋陽以順爲順以逆爲逆陰以逆爲順以順爲逆也即四十八局用法

雌與雄交會合元空雄與雌元空卦內推

姜氏曰元空之義見於會序江南節注

直解合元空即合陰陽往來之元空陰陽往來之元空總在山上水裡雌雄交會之內故曰推也得此訣須知氣有一定之氣而用無一定之用也

一勺子曰所用之中五與旁照四極四十爲經五德爲緯俱可云雌所下之大卦即運斡坤輿乘光乾紀

七政樞機總只是雄但雄只有一路金龍是也雌有二路一山一水何必言故必求端於雌而雄自來交會若雄來交雌雌不能合雄是雖有雄之施而無雌之受必不能孕育化生則雌是死雌雄是孤雄謂之雌雄失度

山與水須要明此理水與山禍福盡相關

姜氏曰山有山之卦氣水有水之卦氣脫不得陰陽交媾之理山有山之禍福水有水之禍福有山禍而水福有山福而水禍有山水皆福有山水皆禍互相關涉品配爲用

已詳識得陰陽元妙理一節內矣不必再註
直解明此理者即明雌雄交會之理也此交會之理葢以地之體主靜天之氣主動主動之氣生乎上主靜之氣成乎下雌雄交媾動靜生成此氣本無往不在無時不有無物不生者也所謂葬乘生氣即乘此生氣也得此生氣則天氣歸之天氣歸則地氣必從之矣如是則陰陽之道山水之理可得而知矣　要知禍福須辨氣之麤虛性之剛柔味之甘苦德之仁義情形之向背氣運之進退體用之得失則某山禍某山福不辨而自明矣如不

辨情性不辨久暫不辨盈虛不辨往來進退但拘
　匕於生旺者斷不能得眞龍之全吉也
一句子曰山川眞情意流峙應天星禍福蔭身骨恰
如印板之文故山水有形有理有氣有數必合形與
氣理與數而陽基陰宅蔭及生人卽形卽氣卽理卽
數不差毫髮如印板文字畫畫點點從板上印出相
似有是形有是氣有是理有是數卽有是人善善惡
惡一一從山水上應証出來故曰禍福盡相關
明元空只在五行中知此法不須尋納甲
姜氏曰九星五行大卦之法只明元空二字之義則

衰旺生死瞭然指掌之間不必尋乾納甲坤納乙巽納辛艮納丙兌納丁震納庚離納壬坎納癸之天父地母一行所造卦例矣

納甲止可用之山龍今人移用陽宅殊爲謬甚

直解無定無據無方無隅無始無終無形無跡無往不在無時不有曰元空五行者是挨星五行卽大元空九星五行非諸家之五行也切莫誤認九星五行之中有與時合者有與時背者八卦九星本無有凶背時則凶本無有吉合時則吉知此則墓宅之興衰瞭然矣何必用尋乾納甲之法乎

一勺子曰元空只是五行五行却非元空元空是統五行的五行是明元空的明得元空之作法納甲雖爲卦中元妙不必尋之非輕納甲正重元空耳

顚顚倒二十四山有珠寶順逆行二十四山有火坑

姜氏曰顚倒順逆皆言陰陽交媾之妙二十四山陰陽不一吉凶無定合生旺則吉逢衰敗則凶山山皆有珠寶山山皆有火坑毫釐千里間不容髮非眞得青囊之秘何能辨之

此節之意並非顚倒爲是順逆爲非雌雄相配火坑可生珠寶陰陽差錯山水盡是火坑顚倒有顚倒之

理順逆有順逆之道珠寶火坑止爭一間俗師不明
此理自爲順逆顛倒必致陰陽差錯珠寶變成火坑
以此爲己適以害己以此爲人適以害人捫心自思
能不膽寒乎
直解顛倒即翻天倒地之顛倒正是陰不是陰陽
不是陽之顛倒下二句總論俗術之非
一勺子曰顛倒順逆四字足蔽迎神出煞挨星反覆
之妙珠寶火坑四字喻盡陽生陰死下卦得失之用
俗術昧乜求珠寶乃得火坑布順逆眞個顛倒不識
陰陽爲何物焉知交媾在何方一味隨指亂猜可憐

也彼反自詡講究氣運上元取坎中元求巽而不知坎巽之內萬丈火坑深也夫天地之機吉凶同域禍福倚伏生死乘除惟眞得口傳者方知眞顚倒近日之講氣運者都是自己顚倒走入火坑不是天地顚倒隱藏珠寶也

認金龍一經一緯義不窮動不動眞待高人施妙用

姜氏曰易云乾爲龍乾屬金乃指先天眞陽之用無形可見者也地理取義於龍正謂此耳一經一緯卽陰陽交媾之妙金龍之經緯隨處而有而動與不動去來分焉必其龍之動而後妙用出焉苟不動者不

可用也金龍既屬無形從何可認認得動處即知用
法所以有待高人也歟

已詳曾序中矣

直解認金龍者即認無形之氣也無形之氣日往
月來盈虛消長經緯無窮者也此氣從何可認苟
能認得無形之氣孰往孰來誰消誰長方知其動
與不動知得動處即知察血脈認來龍之法矣一
經一緯者即動者運行於上無一息之停主降靜
者安靜於下亘古不移主升升升降降上行下效
縱橫顛倒總由此而使然也如舍經而言緯非但

無氣質生成之妙理且無用往來之氣化孤陽不生緯亦空有是緯矣如舍緯而言經非但無寒暑以化物并無秋落春榮之變易獨陰不育經亦徒有是經矣　金龍既屬無形不是形跡上求動靜曉然矣不在干支方位上求動靜亦曉然矣

一句子曰龍具五方之全本非一金可該也惟認得時遍地盡成黃金陌謂之神龍變化金光璀璨可也其飛騰在天金鱗盡是膏澤蓋天上之龍也躍淚在淵金爪翻弄雷雨蓋水中之龍也或見於田而雨金則爲平岡之龍或潛在谷而隱金則爲山龍之龍蓋

龍無處不在惟能認者能施妙用耳

第一義要識龍身行與止第二言來脈明堂不可偏第三法傳送功曹不高壓第四奇明堂十字有元微第五妙前後青龍兩相照第六秘入國城門鎖正氣第七與要向天心尋十道第八裁屈曲流神認去來第九神任他平地與青雲第十眞若有一缺非眞情

姜氏曰上節言金龍之動不動而此節緊頂龍身行與止學者不可忽也蓋有動則有止不動則雖有金龍只云行龍原無止氣故高人妙用以此爲第一有此一著然後其餘作法可次第而及也來脈明堂不

可偏非謂來脈必與明堂眞對不可偏側也若如所云則子龍必作午向亥龍必作巳向矣來龍結穴變化不一有直結者有橫結者有側結者豈容執一楊公之意蓋謂來脈自有來脈之受氣明堂自有明堂之受氣二者須各乘生旺兼而收之不可偏廢也傳送功曹乃左右護龍星辰蓋眞龍起頂必高於護砂乃爲正結若左右二星反壓本山非龍體之正矣平地亦然貼身左右有高地掩蔽陽和房分不利俗術所不覺也十字玄微乃裁穴定向之法雖云明堂實從穴星內看十字明此十字則穴之上下左右向之

偏正饒減盡於此矣其云元微誠哉其元微也歟前後青龍兩相照從案托龍虎定穴法者此義易知八國城也八國有不滿之處是曰城門蓋城門通正氣之出入而八國鎖之觀其鎖定之方便知是何卦之正氣以測衰旺而定吉凶也故曰秘天心十道緊須八國城門而來蓋城門既定正氣之來蹤而又當於穴內分淸十道乃知入穴正氣廣狹輕重銖兩平衡之辨故曰與此兩節專言入穴測氣非論形勢也不然則與明堂十字前後青龍兩條不幾於複乎屈曲流神已是合格之地然有此卦來則吉彼卦來則凶

者概以屈曲而用之誤矣須有裁度乃可取用故曰裁以上皆審氣之眞訣此訣至微至渺一著不到將有滲漏而失眞情矣平地高山總無二法上八句各是一義末二句不過叮嚀以囑之語氣湊拍借成十節耳

此節八句姜公之註元機盡泄鬚眉畢露無庸再註

直解第一義　上節言無形之氣動不動此節言有形之質止不止楊公看雌雄之法蓋以有形之質爲體無形之氣爲用一體一用雖有動靜之殊然必體立而後用行故以龍身行止爲第一經云

形止氣蓄萬物化生即此之謂也

第二言　山有山之行止水有水之行止分定行止然後辨其是地非地再辨其屬何卦氣屬何生旺得爲不偏不得即謂偏非坎龍離水之偏不偏也

第三法　傳送功曹是前後左右輔從之別名高壓者賓欺主之象也

第四奇　明堂十字乃裁穴定向之法在未立穴以前先看四面情形八方氣勢次看來山來水合何時之生旺再看內堂外堂去來止聚之方如是

則知穴之宜左宜右宜前宜後自有一定不可移易之穴自有一定不可移易之向矣

第五妙　細看前後左右龍虎案托左爲龍右爲虎前爲案後爲托環抱開面相向有情爲照兩相照者八方相照有情也

第六秘　城門二字最難拘碍水有水之城門山有山之城門水之城門有三叉以三叉爲城門無三叉以水之照穴有情處爲城門亦有以來處爲城門亦有以去口爲城門總以有權有力處爲是山之城門以入首束氣處爲城門或以過峽起頂

處爲城門亦有以某處來脈即以某處爲城門平原平陽以枝濱界氣爲城門或以低田界水卄處爲城門鎖正氣者看准城門正氣鎖定在何方也

第十奧　天心十道是用法之至美者也上文十道從形跡上看此節以體用合宜山水兼得便爲十道十道即天卦之十道非地卦之十道也地卦之十道一九二八三七四六人人知之何以云奧楊公於此節發明要向天心尋者眞所謂披肝露胆之說陰陽相見之妙訣也苟能會得其理十道自然有處可尋當在向上分清不用別處尋也

第八九十三節　水神雖以曲爲吉然有此處來則吉彼處來則凶者其中雖有裁度平地青雲即高山平洋高山平洋其用則一十眞者龍穴砂水鬼曜朝對處七環抱朝拱更兼山得山之用法水得水之用法此即謂十眞或體好而用不能全合或用得而體少有偏側反跳之形總謂之缺以上十節須以龍眞穴的爲要龍果眞穴果的止自有止行自有行自有明堂自有功曹自有傳送自有十字自有城門左右自然照應流神自然屈曲如龍穴一有不的外面空有萬重山即此謂也

一勺子曰前六句是說形勢眞與不眞七句八句是說理氣合與不合九句言高山平地一樣體法十句言必合上八法而後謂之眞有一不合則非眞而不可用矣

明倒杖卦坐陰陽何必想

姜氏曰此以下二節專指山龍穴法與平地無涉因世人拘執淨陰淨陽之說故一語破之倒杖非必如俗傳十二倒杖法此後人僞造也只接脈二字足盡倒杖之眞訣既知接脈便知眞穴既得眞穴便有眞向自然之陰陽已得又何必淨陰淨陽之拘拘哉

山龍之法所重後高故天元歌云山穴後高丁財盛故以接脈爲是而與水龍大相懸絕先賢曾以倒杖明之恐人牽入水龍以失眞情若失其一必失其二今人仍於平洋取山爲托執迷不醒故楊公展卷不禁三嘆也

直解此節申言裁穴定向之法要在未立穴以前先看山之來脈從何起頂從何入首細細看准某干上是來脈某干上是入首辨淸干支夫婦再看水之去來某處是來源某處是去口某處是三叉一一看到然後再辨孰陰孰陽誰得誰失方可剪

裁趨避如倒杖卦坐等語總言乘氣收水之法何必標三字楊公言得訣者神明倒杖之法自然不勉而中不思而得也　楊公當時攜杖登山隨機指點後人神其說爲有十二種倒杖法傳訛之至殊屬可笑

一勺子曰楊公晚年扦穴不掛氣線即以手中所執之杖指定氣之所從受正最捷最簡之法世人遂神其說而有十二倒杖胡猜亂指耳

識掌模太極分明必有圖

姜氏曰山龍眞穴必有太極暈藏於地中此暈變化

不同而其理則一非道眼孰能剖露哉
山龍結地多生石穴其穴內生成龍口杭棺之石龍
虎內生石砂所謂眞鉗眞窩石內藏眞龍眞虎石兩
傍識得杭棺龍虎石千山玉乳貫心香者是也龍虎
者卽穴星內八字非取外山環抱而爲龍虎也太極
暈者穴中土色必異非以面上之土而論其色也亦
之穴內之土其泥細潤亦可瘞玉三者之中得一方
可爲憑故山龍之穴非高人法眼不能辨故於句首
先下一識字令人惟取外象之高低以論土色豈不
聞囊金於砂涸玉於璞珠玉生於蚌內珊瑚產於海

底貴重之物猶藏其形豈有天地精華明顯於外而
使世人輕識以濫用乎所以水龍之法不同於山山
水實跡不足爲憑必以後空爲証也
直解按識掌模三字分明是掌上起星辰類聚羣
分之太極何曾說著地中之太極果是地中之太
極與掌何相干涉　要得內極先看外極弗識外
極焉識內極旣識外極再尋內極從此尋極萬不
失一要求太極先求的穴再尋蟬翼自有眞極
無物卽無極無極卽無物有物自有極有極自有
物極以物定物以極分未生物先生極未生極先

生物極生物物生極極物相生方知物物物一太極
知化氣生尅制化須熟記

姜氏曰生旺之氣爲生衰敗之氣爲尅扶生旺之氣
勝衰敗之氣是爲制化此一節兼平地而言
此節兼論平原扶旺制衰之妙然扶旺之法全在生
尅制化得宜也

直解知化氣要知天地化育之氣化育之氣至公
至平無往不在無時不有旣知此氣再細心看其
所以生所以化所以尅制之理苟能熟記於胸中
則天地之氣機墓宅之興衰自瞭然矣生尅卽五

行之生尅制化蓋言以文制武以貴治賤以長治幼以尊治卑三綱五常爲王道之制化此理之當然也陰陽剛柔水火木金爲五行之制化此氣之當然也其事雖異其理則一細心參者制化之理自得矣　虛則補其母實則洩其子亦是制化之妙法也

一勺子曰生物之氣爲化死物之氣亦爲化能制化是古仙轉移造化之妙

說五星方圓尖秀要分明

一勺子曰方是土圓是金尖是火秀則直木也不言

水者水星只是行龍作穴作朝不取

曉高低星峯須辨得元微

一句子曰要辨星峯元微須知青囊中篇其高低方圓尖直大小厚薄明暗美惡者星峯之形勢須辨其清濁背向來去朝竄晶光顏面者星峯之情意須辨其四七爲經五德爲緯一經一緯妙義不窮生尅制化精理與竅者星峯之妙理須辨其曰元微誠哉其元微也姜氏得傳水龍故此節關涯其愼如此

鬼與曜生死去來眞要妙

姜氏曰以上三節皆論山龍形體不須另解鬼曜之

生死去來是辨龍穴之要著也龍之轉結者背後必有鬼有穴星如許長而鬼亦如許長者俗眼難辨有反在鬼上求穴者不知穴星是來脈爲生鬼身是去脈爲死察其去來而眞僞立辨矣左右龍虎都生曜氣向外反張有似乎砂之飛走者此眞氣有餘直衝上前而餘氣帶轉如人當風振臂衣袖飄揚反向後也在眞龍正穴則爲曜氣在無有穴之地則爲砂飛此其辨在龍穴而不在砂也

能明水龍山龍亦知所以辨正書中山龍畧言大概何也葢山龍有形可辨陰中求陽其用皆實其理易

知水龍無形無跡其理難知全在元空大卦取用山水實跡不足爲憑其用法大相殊耳此三節專論山龍辨別方圓尖秀惟重到頭一節分高低辨眞僞皆在乎此知此而鬼曜亦易分矣

眞解五星即木直金圓土方水曲火尖之五星要分明者要識五星正變之象也

星峯在旺方宜高在衰方宜低乃楊曾之眞訣須高處得高處之五行低處得低處之五行元微者各得其宜也

星星挨排之星峯是峯巒之峯挨排之法峰巒秀

美者則挨之以官貴粗頑者則加之以財祿相女
配夫因才而教即謂之元微

鬼曜專論挨生棄死之法

一勺子曰鬼生有穴可葬曜生有穴亦可葬惟無穴
而生去死來則不可葬耳

向放水生旺有吉休囚否

姜氏曰向中放水世人莫不以來水特朝爲至吉去
水元辰走泄爲至凶殊不知向上之水不論去來若
合生旺其來固吉去亦吉若逢休囚其去固凶來亦
凶楊公因向上之水關係尤緊其說最易誤人故特

辨之

世人止知來水爲吉甚至迎朝受煞害人不少楊公指出向上之水惟合其生旺而已而非時師來吉去凶之謂也

直解大凡向上之星得生旺爲要五歌云向首一星災福柄向上無水去來者猶可或有水去來者或有水聚者或見水光者或合成三义者此謂之元關又謂之城門關繫盛衰之地最爲緊要豈可不加意細察乎　重在元空得失不重水之去來然來水特朝去水走泄其形人所易曉生旺休囚

世所不識

一勺子曰此以水運之生旺休囚辨吉凶也

二十四山分五行知得榮枯死與生翻天倒地對不同
其中秘密在元空認龍立向要分明在人仔細辨天心
天心既辨穴何難但把向中放水看從外生入名為進
定知財寶積如山從內生出名為退家內錢財皆廢盡
生入尅入名為旺子孫高官盡富貴

姜氏曰元空大卦之妙只翻天倒地對不同七字二十四山既分定五行則榮枯生死宜有一定矣及其入用有用於此時則吉用於彼時則凶者時之對不

同者其一也有用之此處則吉用之彼處則凶者物之對不同者又其一也此其秘密之理非傳心不可天心卽上文第十奧之天心另有辨法非時師所謂天心十道也若如時師之說又何用仔細耶天心既辨則穴中正氣已定而操其權者在向中所放之水也從外生入從內生出此言穴中所向之氣也我居於衰敗而受外來生旺之氣所謂從外生入也我居於生旺而受外來衰敗之氣似乎我反生之故云從內生出也此言穴中所向之氣穴中既有生入之氣矣而水又在衰敗之方則水來尅我適所以生我也

內外之氣一生一尅皆成生旺兩美相合諸福畢臻所以高官富貴有異於常也此其中正有對不同者存焉舊注所云小元空水生向尅向爲進神向生水尅水爲退神非是靑囊豈有兩元空五行耶

此言穴中正氣既已從外生入而水又居衰方惟向能握其權要所放之水以衰尅爲生彼卽在衰何暇尅我而生我故用翻天倒地對不同非探求易中妙理何知生尅之所以然如得微妙立穴定向亦不難矣故將生死以喻榮枯衰旺也

直解二十四山何山當順推五行何山當逆挨九

星知此卽知得生死榮枯矣何山順何山逆有一定之氣無一定之位須叅與時偕行與時偕極自有一陰一陽隨時而在者也曉得在在之陰陽空中分陰陽定五行之訣亦可得矣如生出生入尅出尅入乃言穴中所向之氣也穴中所向之氣衰旺有運死生隨時不可以一例求之者也

一勺子曰我居於衰敗而受外來生旺之氣我居於生旺而受外來衰敗之氣此二局耳未足以窮山川之變余見有我居於生旺而不受外來衰敗之氣者有我居於生旺而不受外來衰敗之氣亦不得我居

生旺之氣者有我居於生地却不得本身生氣而得旁卦旺氣者有我居於生地不得本身生氣而得旁來衰氣死氣者有我居於衰敗而不受衰敗之氣者有我居於衰敗而不受衰敗之氣亦不得外來生旺之氣者有我居於衰敗却不受衰敗之氣而得旁卦生氣旺氣者有我居於衰敗不受本身衰敗之氣却來旁卦死氣煞氣者是不一格畧舉數隅餘可類推

脈息生旺要知因龍歇脈寒灾禍侵縱有他山來救助空勞祿馬護龍行

姜氏曰此下二節總一篇之意言先尋龍脈以定穴

之有無次論九星以辨氣之吉凶也此一節先言形體而以來龍之脈息爲重外砂之護夾爲輕

此節所重在血脈之生旺不在砂上之向背以分美惡苟非其地縱有砂環水抱亦屬無益不獨山龍如此水龍亦然楊公恐人重賓輕主而失大地也

直解生旺是氣運之生旺知氣運之生旺方可立向消納剪裁趨避倘不知此氣則趨非所趨避非所避祿馬貴人有何益哉　山龍眞結到落脈入首處必有似有似無呼吸浮沉之動氣此謂之脈息猶人身之六脈一般身之六脈主宰血氣流行

三焦灌漑全體脈非他物即神之別名也華元化云脈者氣血之先也先也者主宰乎氣血之神也由此觀之脈之生旺豈可忽乎

一勺子曰脈息生旺此龍可用龍歇脈寒則不可用用之必生灾禍然此中有顛倒之法寓焉吾見脈息生旺扦之而灾禍侵者矣甚哉非天地之好爲顛倒抑時師之自顛自倒而不知順受天地之正耳

勸君再把星辰辨吉凶禍福如神見識得此篇眞妙微

又見郭璞再出現

姜氏曰此一節乃言卦氣而以九星大五行爲主言

如上節所云雖得來龍脈息之眞穴而吉凶禍福倘未能取必勸君再將挨星訣法細審衰旺生死而後可趨吉而避凶轉禍而爲福一篇之旨不過如此苟能識其微妙前賢與後賢一般見識一般作用青囊三卷更無餘義矣

事不憚詳未可造次如遇其地形勢可取必先察其來去眞僞如果龍眞穴的再以挨星辨其九星純疵元運衰旺吉凶禍福一一如神結以郭璞深贊之也

總論楊公此篇其言元空大卦挨星五行即青囊經上卷陽生於陰之義而下卷理寓於氣之妙用

也其言倒杖太極暈五星脈息卽青囊經中卷形止氣蓄之義而下卷氣囿於形之妙用也一形一氣括盡青囊之旨而究其元機正訣如環無端不可捉摸謂之奧語宜哉

直解龍穴砂水分合向背諸般皆有形跡可見是眞是假人所易曉惟大元空五行之法世所不知卽古今以來知者不過數人而已再者楊公教得訣者而言也謂旣得眞訣又得吉地再將大五行之情性剛柔往來進退盈虛消長細細審辨而後趨避如是則體與用無所不當矣

細按再把兩字明明教得訣者而言也謂既得眞訣再將星辰考究明徹星有吉凶消長有陰陽往來有氣色情性有五行禀性有三吉五吉有統合專合於五常有君臣父子夫婦昆弟於時令有秋冬春夏於事物有方圓直銳於五行有水火木金諸星各有所司諸物各有所禀茍能細乜考究前賢後賢一般見識一般作用誠哉得訣者所當辨也

一句子曰奥語一篇楊公發明挨星陰陽雌雄玄空城門太歲山水諸法理極玄妙未易窺測謂之奥語

誠哉其名之也濱陽范氏著有乾坤法竅多有瑕疵
之處不可垂法於後但其所言玄空正運確有師承
非個中人不能道也茲撮其詮解奥語者亦可爲姜
氏之功臣矣其云龍分兩片只拈八尺不出卦卦乃
清純再合星星已得運山水去來依口而定即天元
歌所云向上一星災禍柄去來二口死生門即此義
也故乾兌媾於坤艮震離配乎巽坎陰以含陽陽以
蓄陰金龍動於八方土圭測其四庫認兩片之陰陽
放八尺之來去即天玉所云龍分兩片陰陽取認取
五行主者是也是以千里來龍只觀到頭八尺總之

山與水須要明此理水與山禍福盡相關知此則能辨局局有順逆之不同用有山水之顛倒若陽在水而陰在山是爲順局之一陰在水而陽在山乃云逆局之二合之乃爲四十八局此即雙雙起之義也非世俗東就西就之死格局也嗟乎人之所棄我之所取趨吉避凶全在立向兼加收山出煞不外坐穴穿透羅經施用毋須多僭格龍扦穴惟取三針古盤以定子午楊盤以辨坐向先天看生成之交媾後天察氣運之盛衰個中些子豈容輕識神而明之存乎人耳

字字經　雪庵師著

尋龍指掌

富貴大地總在龍看龍必須看祖宗祖宗聳拔子孫貴
生子生孫多相類第一看龍如何起眞龍起處便有鬼
第二看龍如何剝眞龍剝處便有託第三看龍如何伏
眞龍伏處便有簇第四看龍如何行眞龍行處便有情
第五看龍向何方所向之方多閃藏閃藏何處討分明
後有送分前有迎迎送都在兩旁觀護送莫作眞龍看
眞龍一閃一出頭此間即要認根苗細認金木水火土
認定何星爲少祖遠祖近祖若相生便知此去勢層層

行時子父財官逐便知可種千年福任時龍停與束氣
便知藏有眞堂局看了少祖再看趕財官趕處眞爲穿
父母趕要來得緩子孫趕要來得滿若還不緩與不滿
興隆有數難長遠要求大富與大貴峰巒只要財官趕
看了趕時看鬼樂鬼樂便是龍之座鬼樂生龍與生穴
暗中爲福眞堪賀若是龍穴生鬼樂是名盜氣反爲禍
尅我我生皆不宜不如比和相負荷平洋鬼樂要可枕
高山鬼樂要可靠不論中間與左右看他情向何方抱
看了鬼樂却看穴高沉凸凹宜分別土木行龍乳突多
金水行龍鉗與窩龍氣授受何處曉葬乘生氣宜分表

氣從耳入為第一第二腧兮第三腰化生脈下認毬簷
穴情要似生牙豆上有疊兮中有跡下有唇氈莫消瘦
蝦鬚蟬翼兩邊扶雞心魚泡高相照看了穴時却看裸
地若無裸福不多若還裸我兩邊財子孫腰下懸金帶
若還裸我兩邊官堆金積玉福千般父母裸時子孫罕
子孫裸時父母殘不如只是我裸我安舒樂業無艱難
若還只是我裸我縱然發福恐生禍看了裸時却看朝
我生生我皆可投更有財官來并列門庭富貴無休歇
看了朝時却看戶門戶不許子孫顧第一父母第二財
第三亦變官生來吉星形象隨入取只要回頭向內排

青元朱白俱看了須審明堂大與小亦去水來總不拘
只從方位討分曉來要長分不宜直去愛眷戀情不走
欲求大富與大貴巽水源源直到口高山跌下平陽來
時時要見毛骨駭毛骨露時須有護護處宜有星照助
此是尋龍眞口訣心巧之人方透徹眞龍眞穴世間有
只恐俗師認不得

傳變尋龍

分龍要起大星辰不起大星氣不生穿心中出是眞龍
龍不穿心力量輕雖然不可執一論左右迭生交互勢
此龍原是蒹葭樣另生枝節不偏廢一等又名芍藥枝

此是木星帶水勢又有蓁芽並杞梓半有半無似人字
停勻開枝是梧桐對節分生兩手勢此是木星最貴龍
看來百中無一二九天飛吊要詳明水星穿度如蛇行
更有一樣蜈蚣節七個八個十個生個個小山微有脚
無脚又是蚕角形此是土星生金子漸漸秀麗轉見清
金雞啣詔火穿木木變文星火相逐金鐘玉釜是金變
狀元獨步麒麟殿天池不可全作水四面尖巒生既濟
更生石筍如火焰此龍須知非容易大貴之龍次第看
前去星辰須變亂亂後終須正體生生時分明龍體成
金鵝遊浴是土體金雞却是火變成火星有時見精微

名爲飛燕帶遊絲木變亦有巧妙處卧蚕吐絲而前去
玉蟬出脫又奇精多是土星祖宗生又有偏生楊柳枝
邊枯邊榮無意味枯處若有護龍近楊柳枝頭正心是
更有名爲拋玉梭右偏左偏可奈何此龍原是火星出
變化已成精氣多時師若作偏斜看棄了眞龍欠切磋
又有點點滴滴落名爲金鑾鳴玉珂垂珠半員半缺折
此是水星離風波又有一字文星變皆是木星弄針線
此中多是公侯地玉藻珠旒天冕見更有文星從直行
數個圓珠排一邊此星名爲玉琴絃只出清高精筆硯
或爲處士或高士宣詔布衣直上殿正緣龍氣有偏枯

乃是木星和土變蘆花邊與節竹杖兩個木星同一樣
蘆花生活有旁龍騎馬朝天爲將相貴龍巒頭要端正
星峯穎異揷青雲出脈清正入貴秀剝龍三卦須分明
三吉六秀共互換行度最宜旺與生精微要妙難盡說
更看傳變是何星更從生剋論純雜方可入穴定功名

四龍要訣

欲識金龍奇奇在出土獻天飛兩邊水星趕不止到頭
一水便相持金節盡成鎖子甲轉身又見土相隨忽然
嶂起三台樣水窩員浄是金奇左相顧右相趨此龍發
福少人知扑地火趕微微水木星乖節裏依依萬馬名

堂巽辛筆兒孫及第錦衣歸欲識金龍巧巧在漲天水邊走急走讓過火星頭躁細馬蹄連玉几與木敵與火戰木開火退土星現土星一束太陽照財官星避暗有助時財後木星爲禽曜水口火星捶雲霄水土朝案如宜詔濟濟公卿滿聖朝欲識金龍隱隱在土中人不識纍纍渡水恰如梭兩邊玉几巉如石火左追水右隨追隨只見土成堆水星遮幛直到穴少陰一點水窩開土星作案名獻捷一字文星門戶排有人識此隱龍形九重天上詔書來欲識金龍怪怪在玉環如寶蓋扑地一水一火來左穿右閗峰生兌側面門腦兩三重土星拖帶

金星位望見西方斜合襟水木火土俱相會火泡員水腳曲肩不開兮似偓促門缺風吹土作屏誰知此是怪龍形怪龍一遇筆與印定主文章動聖君大凡奇巧名傳變隱怪隨從剝換淘奇巧常在旺處入隱怪生處露根苗奇巧無如木星好隱怪無如火星豪金土水星俱貴顯只恐時師眼不高

穴中諸証

別人看形我看星別人看星我看情星辰本是龍之表情脈却是龍之精金龍宜何鬼樂証土木二物情相洽青白朝迎無水火不蝠不化成頑朴金木水土穴之星

窩鉗乳突穴之情凸凹高沉穴之形細將証佐討分明
前看明堂與朝案後看樂托與鬼撐旁看龍虎與界水
還論砂水形與情我見玉帶雖弓水灣環遶抱青龍嘴
若是峽左無吉星長房到底少祥瑞我見屏風架戟砂
貼身白虎形如畫若是峽位右邊單幼房到老無聲價
我見席帽橫琹案端嚴聳秀眞堪玩中房何事不科名
只因鬼樂星辰亂我見明堂萬馬容排衙唱喏人傳頌
誰知唇褥不悠揚富無藏積官無俸我見水口似葫蘆
屈曲之元相回互如何家業不興隆只因龍虎無倉庫
我見案前文峯秀又有宣詔與天馬若還龍穴無設施

何勞十載寒窻下我見錦被蓋牙床圍山疊疊兒孫樣
若還龍穴落孤寒伶丁子息難興旺砂水如何為禍害
只因龍穴元神敗渾如弱主坐明堂四方皆是英雄將
我見龍與穴相迎我見水與砂相稱吉水常能消惡砂
好砂亦能調水病陰砂右邊揷過左左邊水注難為禍
若還砂去水亦去家道頃刻多撥廢金龍水口宜土星
土能別水又生金金龍若見水與木不若又是火與金
金龍金穴水水口何誇捍門與華表水口逼窄時師歎
若論明堂多愛寬誰知不論寬與窄只無傾瀉便為安
龍急勢雄奔萬馬便愛堂寬吞得下若還案前穴與促

難言富貴如附謝若還來勢短與緩定要堂小藏聚罷
內堂傾瀉不關圓外堂空淺如描畫

傳變立穴

貴穴十有九變體時師俗眼何曾取第一傳變火爍金
金液轉出惟一線到頭遇土便安墳乳如懸胆真金現
第二傳變木趕土土星磊落金窩子傍見火脚便尋踪
亦有當頭屏與几第三傳變金琢木木變鳳形低啄粟
水星一見便安墳突員乳泡為真木第四傳變土擁水
水勢奔騰如蛇脫金星隱隱向前迎一穴安然似乳墜
第五傳變水撲火火星撲滅如菱角尋得條條木節開

水星掩映穴場落尅而變者喜見父龍來生穴貴且富
生而變者喜見財穴去尅龍禍天來精微妙訣說不盡
尅生生尅尅兩安排

用神忌冲

扦穴須知有用神用神冲破事非輕叮嚀可知不可說
但恐時師認未眞不忌黃泉與刑墓只要穴與龍相就
亡命愛是水火宮葬期宜用卯時候巳丑二宮有酉藏
須用卯冲神始收子孫如有亥未人合起冲星眞不謬
金原生巳亥馬藏金祿輪來申酉方冲動祿處官即至
冲動馬處禍須防馬在病中宜生合祿居官位要軒昂

富貴根苗在受胎維持却喜遇長生設施亦須居旺地
應驗便宜墓處論勸君冲生莫冲胎冲胎却恐根苗壞
惟從生處一冲之維持寶合天機快勸君冲墓莫冲旺
冲旺却恐設施妄惟從墓處一冲之自然應驗無遮障
金貴輪來寅午中貴人可合不可冲合起貴人冲動祿
何愁富貴不相逢借問貴人如何合金貴寅午用戌冲
寅午二方有吉曜戌命生人有奇妙亡命若是卯酉生
富貴重重相輻輳

方位眞訣

胎養中正富貴根生浴開張富貴至冠帶平坦富貴清

官旺軒昂富貴義衰病遮攔富貴安死絕周密富貴易
墓處藏聚富貴久吉神須要應方位中間又要有聯結
聯結之中多禁忌胎養生長須間隔若無間隔少清白
沐浴冠帶嫌凹突有凹有突生鶻鷄臨官帝旺宜抄插
不抄不插無科甲衰旺中間莫高下一高一下常驚訝
病死二方宜擁護不擁不護生嫉妬陰地陽地一般論
方位星辰宜既濟陰地富貴要根苗又要維持與設施
到處又要有應驗五星俱全天地陽中間方位又相殊
生養墓絕四處是縱有根苗無設施聲名不到鳳皇池
虎山兇插卽罷官難望腰纏千萬貫有了設施無根苗

何須苦向仕途攢龍頭拱出席帽樣奏名納粟可求官
有了根苗有設施登科奪得錦衣歸如何不係黃金帶
須知坐下無維持維持設施各有根根苗得地科名生
如何位不到三公應驗須知無輻輳坎上吉星應子入
離上有吉午入受沖合弔納俱有準好從方位細推究
若能會得此中妙世代富貴定無休

十一大格

前山來後山纏山來向後水纏前左是崗右是田平岡
汨汨起平垣須知此是窩金地代代兒孫富貴綿朱雀
缺元武凹欽處見朝凹處託白虎空青龍直空處有凹

直處卓須知此是通突地忠臣烈士滿台閣峽無遮龍
無幛一生一剝三台樣高無突低無窩前山交結如橫
梭須知此是坦突地清貴安閑名譽多山如斬水如潑
一個星辰一個逐逐逐步緊逐步開開來兩水共徘徊須
知此是歸魂地代有功名世有財逆水龍入懷案又無
心泡少伏斷倉庫山合襟水龍無爪牙虎無嘴須知此
是驚蛇地豐衣足食少祥瑞說他貧無零星說他不貧
無水城說他富無倉庫說他不富有遮護須知此是乾
坡地不士不商古老戶龍來處似牛皮無起無伏無高
低入首處似象鼻有承有送有遮蔽須知此是鋪氈地

百子千孫長富貴東邊去西邊沒出沒中間有毛骨操碎金羅列土有禽有曜持門戶須知此是織錦地閥閱簪纓常濟濟華表門雲霄筆竦立端嚴有二乙煞曜縮簾幙促牙爪不開水不曲須知此是藏修地不居廊廟居山谷來處直去處曲無尅無冲真骨肉高處來低處落山一轉時水一曲須知此是涵養地富貴悠長且安樂貪巨水三合火木如芍藥土如琛宵詔砂捧袍鬼青紫勢欻交峯起須知此是凌雲地狀元及第神童子

審察胎元

觀地之法先審其胎父遞於子予將作祖脫卸模糊名

曰混胎混胎者恆出遊手遊食之人樞紐延蔓名曰懶胎懶胎者必產無作無爲之子左右不抱名曰寒胎寒胎者必生不撑不達之士凡山自高而下員淨周匝自下而高清平特達自大而小不尖不走自小而大不枯不瘦或金與水或木火土周正端員財官包裹最忌促壓猶嫌袒裸

辨別機岫

觀地之勢先審其機如女處閨如將登壇孑然獨聳名曰恐機恐機者爲多懼多凶之兆雜然交視名曰互機互機者多內變內爭之事倏然長逝名曰去機去機者

多無家無業之流必也自我立幟不飄不搖自我承宗有掉有撓自我達權有根有苗自我中興有胎有伏凝旒端冕父子團聚最忌欹斜猶嫌巉陡形有飛揚情有飃蕩飛揚受尅飃蕩易歇形有微弱情有寂寞微弱無生寂寞不亨形現是陽情喜開帳穴不翕聚其情爲狂出入躁妄少福多殃形沉是陰情愛收藏穴不明正其情爲孀出入祟疾寡母孤房勢來踴躍氣不消索喜遇子宮保無零落勢來悠揚氣自久長常見父兄祥瑞薦堂勢急爲強氣不溫良到頭不復其氣始降勢緩爲弱氣已零落到頭昂起其氣始躍勢急穴伏家應百福勢

綴穴起家迎百祉

立穴趨避

直龍看化生之腦橫龍看樂托之情以樂托之偏正定穴之偏正以樂托之行止定穴之行止孫不肖子曰絫絫者難培富貴之根子不養母曰漏漏者不産文章之士兄弟不論強弱只要無尅無沖賓主不論遠近只要有生有合僕從不論多寡只要無反主之星門户不論濶狹只要有捍城之宿山不論前後左右要合星體面不飛而脚不竄水不論來去澄凝要合方位來不沖而去不直束氣要員平兩旁不宜洩洩者龍行無力過峽

要融緩兩旁不宜散散者到穴無情甯可挽元神之水以爲富不可招黃泉之水以爲貴甯可借停轇之主以爲客不可招黃駕之客以爲主祖宗雖好隔五代六代而無力僕從雖多遇一刼兩刼而滅福星峯磊磊縱一節二節之小疵猶爲吉地鬼劫重重雖千山萬水之可取不作佳城水愛曲而不愛直直去固凶直來者亦防冲射潮愛來而不愛去去長非吉去短者亦是支離龍不開襟列幛何誇粉黛烟花穴無後鬼前官空有樓台鼓角文章蓋世不科第只因筆印模糊子孫富貴不繁多總由唇氈淺薄正龍之福大而久故將門出將相門

出于旁龍之福驟而短故一發如雷一敗如灰

極暈分明

地理關鍵極暈爲証形形有極星星有暈極暈不的富貴難成土金爲極水木火暈極爲元氣暈如用神極不送亦不迎閃閃渾如顧復情暈不仰亦不俯依依却似相回互官出現財伏藏子端嚴是爲正暈正暈者爵祿悠長定主爲將爲相官俯伏財崛起子縱橫是爲變暈變暈者威權猛烈亦生爲將爲台行龍不帶暈丹桂無根縱有天乙太乙不產狀元之子堂氣不聚極黃金無種縱有文武輔弼難登將相之台極見暈而端凝龍章

鳳誥暈見極而低縮紫閣丹屏登穴場而極居樂託或爲屏帳之尊抱明堂而暈列官衙亦作排衙之狀極在砂中鋒芒不露而暈若隱隱之流行極藏水面源派有踪而暈即洋洋以布置龍穴之暈極不至恐貽譏於鄉黨砂水之極暈不備恐流惡於蒼生極有欠缺不爲孝子忠臣暈有疎微難說經邦濟世極有極之方方宜出獻極奪於財者貪極奪於子者弱極奪於兄者爭若或有官似壓猶爲耀祖暈有暈之位位有異宜官暈之位宜聳財暈之位宜伏子暈之位宜端一有不得其宜即爲顯禍明堂內四暈俱全少年及第水口內四暈或缺

晚歲登科大富者財量端嚴而得位大貴者官量聳峙而君方蓋貴非偶來必琢磨勤苦而復姓顯名揚

龍穴砂水

龍曰來龍不觀其來將何作主穴曰穴情不審其情將何作証無個字非龍其來不中葬者乘之非孤即窮無脈非穴雖中亦拙葬者乘之輕貧重絕生尅皆砂俱要就我子父財官皆宜環衛抱我則吉背我則凶來去皆水俱要舒徐艮丙巽辛宜皆融涯金土爲佳火木爲祟趕裸非砂蟬翼非水一以定龍一以証穴龍有証佐穴有乘除金變於水五火鎔其傍勢如一線貴不可當見

土成穴穴欲其藏土變於金木列其間勢如剖瓜富不可言遇穴則伏葬乘其嶺砂嫌離鄉亦愛離鄉嫌其尖削爲飆爲蕩愛其員秀遠官遠商水莫嫌去亦莫愛來去者回頭四季招財來者箭射一事不諧

趕裸証應

富貴大地趕裸分明貴龍無官趕者不貴無財裸者亦不富富龍無財趕者不富無官裸者亦不貴財不見官其財不制官不見財其官不庇時師開口門開戶閉門開無屏長子凌替戶閉不伏幼子乖戾堂喚明堂不宜幽閉平正有情便爲吉利周匝關鎖寬狹隨宜太寬氣

洩端員情聚龍竄虎飛只要水城環抱堂寬案遠必須龍勢高強水秀砂明可吞可靠者有力山笑水哭不聞不見者無妨水去處石曜一轉千鈞之力水來處巽水一勺萬鎰之情水口葫蘆時師跳笑不察星巒空談華表若遇子孫陶朱寘寂筆印端嚴去水主貴倉庫逆生水汪財聚砂無鶴爪文名士少鶴爪不搁反生偓促砂無牛角終成寂寞牛角不開反生奸回砂無蟬翼穴情不的蟬翼朦朧便成壅腫頂要中穿穿欲之玄不之不玄便成死鱔枝遭幹尅何誇正格受尅到穴終有一絕縱有水城定多冲割時師不識貪愛鎖織尅龍鎖水反

成牢獄若無赦文女童縲絏此是秘訣萬無輕洩

四穴眞諦

窩鉗也窩則員而鉗則直乳突也乳則垂而突則聳窩以心泡爲証若無心泡爲側爲空空側之窩孤寡貧窮鉗以貫耳爲証若無貫耳爲蕩爲散散蕩之鉗主人離家敗乳以垂水爲証若不垂水爲枯爲渴渴枯之乳貧窮寥落突以鬚翼爲証若無鬚翼爲孤爲子孤子之突艱難桀裂地在高山突中愛窩地在平夷窩中愛突毋被財傷宜鬼來救穴中有此康寧福壽財被兄洩宜子來衛穴中見此田庄不替官被子傷宜財來護穴中有

此貴而且富子被父尅宜兄來助穴中有此子孫福祚穿空穿薄穴情便惡夾堅夾軟穴情融緩借官不借鬼借鬼者多敗多絕借案不借托借托者宜近宜卓

辨別眞假

眞者多隱拙假者多露奇一似貞女垂簾肅駕而無旁窺側覷之人一似淫婦拋頭露面而多玩視交馳之狀眞者如法駕臨軒雖鼓角樓台莫不埋頭拱手假者如浪子浮遊雖烟花粉黛要皆東馳西逐巒頭大而身歛斜者假山也遠屈曲而近反跳者假水也穴孤曠而耳無貫峯脈無平枕陽無唇褥陰無鬚翼假穴也眞龍多

中出假龍亦中出眞龍夾護假龍亦遮護然中出無根終是幹龍之逐客遮護無裸多是帶刼之零星小假者暫而小富大假者久而大殃

賓主朝對

門內有君子自來嘉賓門外少嘉賓猶非賢主況門庭有砂為禍百端而鎖鑰不嚴飛災四至南北百步無聳案六十年一掃如空西東舉首見高峯千百般憂煩不了蓋午子堂開老無聊賴而酉西戶閉少不軒昂登科及第須宜三合火星積玉堆金定見八方水面山特來而俯伏貴壓千官水遠到而澄凝財均萬戶衆山皆混

沆獨一位之對穴者端然定主家門富貴萬派盡支流惟斗鑑之在堂者澄注却推諸子榮昌坐南向北之地明堂寬濶如寒泉煞不利人丁坐酉向卯之地不宜卯方高山切近遮閉蓋卯為日出之所近而且高則太陽光掩主不發少年科第遠則陽光高照矣巽為太乙辛為天乙二方有星峯須要艮丙二方有尖峯相應以艮丙辛為三合火星壬丙丁辛科及第巽庚癸方有峯主庚辛癸科及第生命亦同

五星生尅

生固可愛亦有不愛之生尅因可憎亦有不憎之尅獻

天金星來生水是爲飛生少陰金星來生水是爲伏生飛忌促伏忌強伏生強生家多忤逆金穴水案爲感生金穴土案爲應生感宜近應宜特不近不特富貴難獲金巒剝水爲順生金巒剝土爲逆生順喜秀逆喜簇不秀不簇英才不育左金右水爲雄生右金左水爲雌生雌宜仰雄宜俯不俯不仰骨肉乖張正體生者爲坐生側腦生者爲眠生平面生者爲立生坐生宜正眠生宜伏立生宜平不正不伏不平少者亡而老者獨五星相尅其目有五獻天金星居西方而尅木星此強尅也少陰金星居南方以尅木星此弱尅也強尅強弱尅弱者

殺弱尅強匕尅弱者降金星入首廉貞高照穴星者爲明尅磊落火星來遮金龍到穴者爲暗尅明尅須防顯禍暗尅尅必防陰傷隱躍金龍帶火星壓主者曰已尅外山火星與已並立特竦者曰人尅人尅者爭競鄉邦已尅者參商骨肉若火星直射金穴而鬼樂禽曜皆水星以掩映雖有尅如無尅矣凶星惡曜如屬金星近主則喜見火星以救之此爲愛尅吉星得地如金在兌位則畏見火星以制之此爲怕尅愛尅而尅者吉怕尅而尅者凶

官鬼禽曜

鬼不變鬼官却宜官樂不宜樂曜惟見曜以鬼爲鬼名爲盜氣家道伶俜子孫不庶以官作官不怕尖巒出人軒豁甲第魁元鬼不變鬼亦不變子兄弟財帛方爲得所官宜於官亦宜於財木火二星名爲天助樂而樂者其勢卑弱雖有如無家道消索曜而曜者其勢峻峭若是貴龍爲官清耀爲福之鬼十有五六若有官曜盡是造福

峽中眞機

龍看其來來審其位位得生旺方可着眼大抵看星峯個個宜剝換亦須不失本原更迭之後必復其本方斯

爲本源呈露此亦可以論峽矣過峽與束氣跡相似而實不同束氣者恐洩氣太甚欲暫安憩焉耳峽則如蟬之脫龍之化最爲機軸如金過峽則金爲土之精水之母自墓絶而生旺由孤寡而祿貴則福善可知矣所過之星龍分正變磊落如珠玉者正體也變過則諸宿攔遮亦以用變爲奇峽之末過以生爲體峽之餘過以尅爲用如養子者骨格既成以勞爲愛切磋琢磨方成合器故火雖尅金而金以火過爲融水雖尅火而火以水過爲制土雖尅水而水以土過爲凝木雖尅土而土以木過爲疏金雖尅木而木以金過爲用觀峽之形而知

穴之忌觀峽之勢而知穴之證觀峽之星而知穴之形
觀峽之左右而知穴之清白觀峽之軒昂而知穴之乳
突觀峽之曲直而知穴之窩鉗觀峽之平沉而知穴之
淺深觀峽之長短而知穴之唇氈過峽之後即知作何
星辰以爲少祖如金而又金則龍露須帳之以水蓋以
子衛母則母不暴露而體勢乃尊金過而水則龍洩須
培之以土而元氣不凋金過而土則龍繼須疎之以木
而英華漸露金過而木則龍病須助之以木則氣力不
虧金過而火則龍傷須制之以水培之以土而精靈不
損旣起少祖須宜剝換剝換一二節便宜束氣束而又

束便宜起頂起頂之星龍宜分曉過峽是金復起金頂始見元神之眞骨脈也金起水土二星母子亦堪互用惟見木火便非佳城如金逢木火財煞同鄉惟纍纍皆金金無剝換則又宜木火以制之如獨劍門户非財不安非官不顯

三合元機

龍不合穴則龍不眞穴不合水則穴不正水不合法則富不昌火無三合則貴不彰龍無三合其情不集穴無三合其氣不的砂無三合其勢不端大貴之地以此爲準龍得其方爲天合結乘其生爲人合水來其滙爲地

合此龍之三合也鬼撑於後爲後合官竦於前爲前合曜展於旁爲旁合此穴之三合也一不逆龍爲來合二不背穴爲正合三不順水爲去合此砂之三合也龍虎兩融爲耳合八字均涯爲肘合蝦須逆爪爲腋合此內水之三合也來從生養爲淵源合注於官旺爲瀦蓄合去從墓絕爲末流合此外水之三合也正案午方特起秀峯爲天地合寅位有峯相應爲日月合戌方有峯相應爲風雲合此火星之三合也三火並秀入雲中上龍大魁狀元三公中龍科甲亦高選三峯缺一水補同一合者不竄不絕再合者不絕不貧全合者大富大貴然

可遇而不可求也地有全合則峽有弧角有弧角則龍有祖宗有祖宗則穴不孤寒或如泊岸之舟撓掉俱停或如登殿之王文武齊護若夫三敗三忌之說卽與此相反矣

青紫樞機

極富極貴之局峯巒奇巧至大至尊之地行龍隱怪奇者中穿而巧多偏出隱者密護而怪必脫踪起則如豚木飛空伏則似生蛇渡水日月拱闕獅象捍門開幃列屏飛鵝舞鳳貴人連於祿馬文筆近於財官眞符眞武居案東西天乙太乙峙龍左右羅城排列以迴迴水口

交牙而牢固三陽無陷六建有情四神會聚者允推佳
城八將列迎者誠爲大地心當端思目宜細察

約束眞機

富貴之地入垣合局方有約束地無約束龍神碌碌約
束端然富貴雙全約束之山氣象端嚴後不爲鬼前不
爲官左不爲龍右不爲虎帝都約束一二百里世族約
束一二十里父爲約束根基厚而世代簪纓子爲約束
驟興隆而盛名遙播財爲約束盈倉庫而納粟奏名官
爲約束發科第而出將入相兄爲約束勢頡頏而聯芳
並美金爲約束定是獻天如釜如鐘而火星滅跡木星

約束定是沖天不蔥不茅而金星低避水星約束定是
漲天不傾不斜而土星歛跡火星約束定是焰天不搖
不竄而水星潛伏土星約束定是奏天不偏不瘦而木
星低避約束遇子多英俊而老成凋謝約束見父敦孝
弟而遷徙防危約束見財尙貨殖而妻宮寡厄約束見
官崇詩書而難逃訟獄約束見兄分門戶而爭雄競勢
惟一山端然而旁無並峙衆星藏伏而家督甚嚴則千
祥萬福矣龍從左來約束宜右如踈於左人多軟弱龍
從後來約束宜前如出於後人多放肆凡龍到處皆宜
約束約束出於門戶之內爲砂出於生旺之方壽長百

歲出於墓絕之地白首罕稀居於水口之中即爲陪表現於元武之背便是干城專在大形大勢不在一水一山時師不識法眼堪尋

龍穴交度

斷覆如符要知交度山不交度豈有陶朱縱貴不到三公壽不高彭祖夫婦難齊眉孤寡號門戶龍不交度其名爲姤姤則無百年之祚穴不交度其名爲痼痼則無十載之富砂不交度名爲偓促偓促之砂子孫不蕃水不交度名爲支離支離之水門戶流移自過而起少祖是爲龍交度金龍不見水來護則爲子姤安望兒孫有

三五水龍不見金來顧則爲父姤定無白頭盈門戶金龍不見木來扶則爲財姤營營衣食常難措木龍不見金來助則爲官姤文章不上青雲路金龍不見金來互則爲兄姤煢煢獨自撐門戶自鬼樂而至辱礙是爲穴交度坐金不見木是爲財痼何誇四處有倉庫坐金不見金是爲兄痼莫羨龍身多來護坐金不見火是爲官痼何論色色文章助坐金不見土是爲父姤定主高堂少舅姑坐金不見水是爲子痼時有孤兒與寡婦自青龍以至白虎是爲砂交度金龍水疊疊則爲子偓促生者頻頻育者稀金龍木條條則爲財偓促散者多而聚

者徵金龍金連連則爲兒偓促手足不齊福不全金龍
火炎炎則爲官偓促聲名分位常微賤水龍金揚揚則
爲父偓促異父異母不相顧自隨龍以及門戶是爲水
交度金穴土城水是爲父支離沖剋定主祖業無豐足
金穴水城水是爲子支離沖剋定主子孫離鄉曲金穴
木城水是爲財支離沖剋終日運籌持斗斛金穴火城
水是爲官支離沖剋打虎鬩牆常撲撲恭龍穴之交度
以表而見者爲奇砂水之交度以表而見者爲忌不磊
落重疊則行度不尊貴不特達頓聳則局面不繁華故
龍穴以表而見者爲奇龍虎一直不回非牽動土牛卽

擎拳婠主水口一眼可盡非龍極短小必穴心孤露故砂水以表而見者爲忌訣由心悟難以言傳

品題富貴

富之品有十一曰仕宦富峽位財官祿貴倉庫六建俱簇三堂金融二曰祖業富倉庫作祖三合水土青龍水繞白虎肥員三曰商販富財逐子官如水繞木倉竦庫頓車離舟伏四曰妻財富虎外倉庫少陰水繞咸池聳秀夾帯聯絡五曰田宅富財不離官倉不離庫艮水澄汪青龍軟薄六曰財帛富倉庫纍纍不遠不粗弱水不涸有子無兄七曰横財富倉庫淘湧艮水一瀉外砂如

撮財趕入穴八曰安閑富龍有倉庫青龍水瀦子官藏伏兄守門戶九曰濁富倉歪庫斜水聚巖谷祿貴無峯龍拳虎縮十曰鬼富元武隱祿倉庫背伏門水漸滴砂藏肘腋貴之品有六一曰汗馬貴旗下立鼓馬前帶曜案如挿戟龍頭兜鍪二曰科名貴席帽模糊二乙得位煞曜短縮水流武曲三曰甲第貴根苗設施軒昂得位三合火星歸垣拱祿四曰刀筆貴砂如牘判龍有印囊席帽倚馬貴人不揀五曰親戚貴蛾肩誥軸倚虎隈龍少陰帶祿巽水歸堂六曰名目貴龍團骨肉牙爪不張陪表冲霄案無頭面

形勢大觀

地之形即人之形圓活而不委靡者上也地之勢即兵之勢整肅而不散蔓者上也北主南賓東魂西魄中央蓬萊四圍垣闕生戶自開死戶自塞牝牡妙凝精神和悅天開萬象朝入青雲遊蜂釀密飛鴻來賓建天旗鼓擁地氈裀天池樓閣日月旌旆霞裳羽保玉兔金雞數重鼓舞百里遮圍雲母五雷龍樓鳳閣粉黛烟花金水高卓虹橋王母蟄仙墜伏金城散花丹爐藥灶大火將軍三台華蓋飛鵝散卵形雲九折大鎗大鼓次旗水木天壘石柱天馬金碧樓船壘壘坎離姤精飛鳳昂霄象

簡玉圭五星聚講玉几臨軒五炁朝元九星貫珠凡此大觀法眼堪知

十龍貴賤

一曰龍翔霞送雲從有手足而不露山圍幛繞頂起角而將騰二曰鳳舞昂頭展翅高尾騰身翬鴉相隨多小山之磊落祥雲自起有平峽之連綿三曰虎踞或犇或臥前昂後伏四曰天馬逆上奔前馳驟下坡遇水如將下飲出峽若欲上升五曰平崗烟雲斜蓋星自流行此五吉之龍也六曰嵯峨非龍非虎非獅非象氣脈乾枯規模遍窄七曰驚蛇獨行屈曲欲往無窩如羅帶之欲

斷不斷如古城之將沒將傾八曰箭射暗不爲官顯不爲曜奪氣非鬼護身非迭九曰孤峯無屛無帳秀出沖天有刀有鎗勢如蚩尤十曰亂雜左出不融右出不結前無情而後無據山不應而水不朝此五凶之龍也此外猶有犇逆之龍或百里平原茫無可據或突起羣巒狀如萬馬平地無跡忽如立龜水鄉失脈忽如躍鯉石笋顯列劍佩隨行極暈分明動數百里來此特結此龍極貴不常有也

按雪菴師明初隱君子也姓氏不傳或曰卽松陽葉名希賢其人也未詳是否師與友杜景賢善遯跡山

林削髮爲僧初寓黃梅之二祖寺老於漢陽白龍山徜徉自得博極羣書尤精靑囊遊圻黃下地大小指不勝屈如澤湖陳狀元姚閣老祖地其最著者二地係白羊祖山水木行龍遊絲落脈一横一順姚內陳外隔不數武江水滔滔不入俗眼非仙慧莫能扦也讀是編神明於法動與古會洵養之有素名曰字字經示後人當法守也盖嘗三復不置云

天玉經　唐楊益筠松撰

內傳上

江東一卦從來吉八神四個一江西一卦排龍位八神四個二南北八神共一卦端的應無差

天玉內傳即青囊奧語挨星五行元空大卦之理楊公妙用止有一法更無二門此乃反覆其詞以授曾公安者也江南江北江東江西曾序已先下注脚矣但南北東西應有四卦而此云三卦者緣元空五行八卦排來止有三卦故也江東一卦者卦起於西所謂江西龍去望江東故曰江東也八神即八卦之中

經四位而起父母故曰八神四個言八神之中歷四位也一者此一卦只管一卦之事不能兼通他卦也江西一卦者卦起於東反而言之即謂江東龍去望江西亦可故曰江西也亦於八卦之中經四位而起父母故亦曰八神四個二者此一卦兼管二卦之事而不能全收三卦也此如坎至巽乃第四位巽至兌亦第四位八卦之中各經四卦故曰八神四個也南北八神者乃江北一卦所謂江南龍來江北望也不云四個者此卦突然自起不經位數與東西兩卦不同也八神共一卦者此卦包含三卦總該八神又非

八神四個二之比也夫此東西南北三卦有一卦北
得一卦之用者有一卦兼得二卦之用者有一卦盡
得三卦之用者此謂元空大卦秘密寶藏非眞傳正
授斷不能洞悉其妙者也
俗註寅至丙爲東卦申至壬爲西卦午至坤爲南卦
子至艮爲北卦非
地理一事自古秘密所授者公安妙應所言者天機
妙訣青囊雖傳其訣仍秘耳蔣公不忍世人甘受俗
師之愚將青囊三卷天玉寶照兩書詳爲註釋刊布
行世無奈後學無緣不能心領神會以至誕妄百出

究其源由不明元空大卦之妙用也元空五行八卦排來只有三卦三卦者何東西南北也東西分二南北合一斯爲三卦三卦總該八神用法各有不同故江東一卦只管一卦之事江西一卦兼管二卦之事南北相共包含三卦所以地分貴富發有長促此立局正變之不同耳其局既有正變之異而向卽有可兼不可兼之分兼而不兼變而又變變化無窮如環無端以致局局不同向向各異所謂一個排來千百個卽此意也但用法捉摸不定或趨其變以舍其正或避其變以用其正惟以挨星取山水之卦氣而已

但其卦窦然自起不經四位用法雖有一二三之分實有能兼不能兼之至理存焉然風鑑既曰陰陽須明陰陽變化之理乃可扦穴立向時師徒知陰陽之虛名不知陰陽之妙用乃以版格之局曉曉其說何異刻舟求劍也

直解江東一卦即後天之震卦江西一卦即洛書之兌位既論元運震有震之吉時兌有兌之旺運今先將震之吉時而論震為三碧天元之末運可知待震卦當令坎坤都已過時矣即得不為我吉巽又屬一元故曰四個一此一卦只得一卦之用

不能兼通他卦也然非卦之不能時之不能也再論兌卦兌爲七赤下元之首運可知旣屬首該包三卦卽以七數至九亦該得三吉曰二者何也惟元空心法中只得艮兌不得離九故曰四個二此一卦兼通二卦之用不能全收三卦也此非時之不能天卦之不能也八神者卽坎坤震巽離艮兌乾也共一卦者卽共此一卦而爲九也能用此一卦所建之處卽能全收三卦總該八神又非八神四個二之所可比也讀者先將九宮八卦分淸孰往孰來誰消誰長再憑掌上尋得一卦二卦三卦

之法知起於東起於西青囊之奧得矣

一勺子曰江東卦屬地卦八神壬丙甲庚辰戌丑未是也如何云是江東以其卦起於西如壬字在子之西反而名之曰東此即元空大卦顛倒裝成挨星之秘亦即江西龍去望江東之義四個者地卦之四干屬陽四支屬陰也一者何地卦四陰四陽皆為八卦逆子不與父母同行單陰單陽故也　江西卦屬人卦八神癸丁乙辛寅申巳亥是也如何云是江西以其卦起於東如癸之乙字在子之東反而名之曰西亦即元空顛倒裝成之秘四個者人卦之四干屬陰

四支屬陽也〇一者何四陰四陽皆爲八卦順子與父母同行雙陰雙陽故也　南北卦屬天卦八神乾坤艮巽子午卯酉是也南北者以子南午北也端的無差以天卦八神力大元厚統攝入地兩卦爲用是八神四個三之意小異其文耳

江東三卦解義　金龍原文删正

天玉首言三卦其旨深矣起星下卦之理卽寓於此蔣公不肯顯言者因天律之有禁也解者紛紛不已終無確鑿之見余不忍世人盡入膏肓特將三卦之理發明於後江東者天元震卦之一卦也從來吉者恭言貪狼

居九星之首施氣獨先得元時錦上添花失運時亦不過少減其福澤耳故曰從來吉也八神者壬甲癸乙未辰巳申也東卦有四故曰四個四個者坎坤震巽也一者天元之氣始於坎而終於震震爲天元之末所以只得一卦之用不能兼二卦之用也江西者地元兌卦之一卦也排龍位者排清西卦之氣也八神者庚辛丙丁戌亥丑寅也西卦有四故曰四個四個者乾兌艮離也二者地元之氣始於七而終於八八爲地元之二所以只得二卦之氣不能統三卦之用也天元何以只一地元何以有二此河洛火金之相尅也卽五行之天氣所

限也亦元空之妙用所竟也南北者指離坎二卦而言也八神者乾坤艮巽坎離震兌也共一卦者共此八神也此八神包含三卦亦可云上下共一卦亦可云東西共一卦八神和攏而三卦同歸於太極乃三元不敗之局也所云江東江西南北四個一四個二共一卦等語者無非發明元空大卦之妙義也其用法全在掌上輪流輪得某龍山向輪得某穴砂水則吉凶應驗自無差忒矣學者分清九宮之氣誰消誰長孰往孰來則於起星下卦其如示諸斯乎由是用一卦而一卦合用二卦而二卦合用三卦而三卦亦無不合矣知此天玉之奧

泄矣其中立極之訣欲筆於書恐犯造物之忌仍留之以待福緣苟非其人不但不洩此天機並不與之爭論一二也

二十四龍管三卦莫與時師話忽然知得便通仙代代鼓駢闐

二十四龍本是八卦而八卦又分爲三卦此元空之秘必須口傳若俗注丙本南離而反屬東卦壬本北坎而反屬西卦牽強支離悖理之極且云四個一者寅辰丙乙四個在一龍四個二者申戌壬辛四個在二龍又屬無謂之邪說矣

此承上文之意推源二十四山本乎八卦進退陰陽之理也

直解二十四山本是八卦此云三卦者何也法將九宮分配三元一元分得三卦卽一二三四五六七八九也然法雖於此用要變通不可執一三四五五六七八九一亦爲三卦總要與葬時之一卦合而生卽爲吉退而衰卽爲凶經云將來者進成功者退卽此謂也三卦卽三般卦之三卦此卦周流六虛無所不至此陰彼陽無時不易卽八卦二十四龍陰陽顛倒變化錯綜都由此而起故曰管

也

一勺子曰二十四龍不作八卦不作四卦乃作三卦

此天寶秘笈也知得遍仙極口贊美有得此卷者亟當函玉㳂錦以示珍重

天卦江東掌上尋知了值千金地畫八卦誰能會山與水相對

天地東西南北皆對待之名所謂陰陽交媾元空大卦之妙用也此節方將山與水相對一言畧指一斑泄漏春光矣非分天卦於江東分山水相對於地卦也皆以辭害意分州支離卽同癡人說夢矣

俗註天卦地支從天干以向論水神旺墓地卦天干
從地支以龍論山水生死可笑
山水各有生死同一山水眞陰眞陽各有異同之妙
用對者對待也無對待何能成其交媾耶
直解天卦即元空江東即元空中之生旺山與水
相對者水上之星即山上之星山上之星即天運
之星將此天運之星輪到城門或山上此爲山與
水相對非必拘定要水與山相對只要水上之星
與時相對耳　天卦地卦非天父地母之俗說切
莫誤認天卦即無形之氣運行於上萬物生生之

始也江東者無形氣中之生旺也三元各有生旺故云江東江西此氣無形可見無跡可尋全憑往來消長之中細辨某爲江東某爲江西在江東時用江東爲令星在江西時用江西爲令星空中取用之法曉然明白再查有形有跡之八方何方來水何方去水何方來龍何方大首何方高何方低何方水口三叉有形無形相交會於其間再查山上龍神水裡龍神雌雄相對與否此相對非坎龍必須離水之用對兌龍必須震水之相對所謂相對者山上水裡與時相對也

一勺子曰一山一水是地下之陰陽山對水水對山是地下之媾合必地下有陰陽有姤合而後能招攝上天之氣反蔭生人死魄若地下有陽差陰錯之愆即天氣亦雲隨風散飄而不留何蔭之有

父母陰陽仔細尋前後相兼定前後相兼兩路看分定兩邊安

卦有卦之父母爻有爻之父母皆陰陽交媾之妙理此節前後指卦爻而言一卦之中爲父母卦前卦後偏旁兩路即爲子息若不仔細審察恐於父母之胎元不眞而陰陽有差錯矣

俗注以前兼後爲天卦屬向首後兼前爲地卦屬龍家爲兩邊者非

陰陽之道敬順天命從事於順昌也用事於逆亡也兩兼之法乃是順逆之理耳

直解父母是隨氣建極之父母陰陽是隨時變易之陰陽此陰陽名有定名位無定位須從顛倒變易之中細細辨其陰陽分其順逆故曰尋也前後是言山上水裡之前後山上水裡各有用法故曰兩邊安也兩邊兩路總言山上水裡來往各得其用也

一句子曰一卦三爻三爻即分三用仔細尋者教人隨地取裁應用何爻乃眞有配偶悞用何爻則失其配偶禍福反掌吉㐫如神用中爻爲天卦用前爻爲地卦用後爻爲人卦前兼是天兼地後兼是天兼人所用之爻爲地母對宮之爻曰天父此父母二卦一定之位也顚之倒之總以父母二爻爲主兩路看山上看來脈應下何卦何爻水裡看去住應下何卦何爻兩邊安者地卦人卦也分定安謂或安地卦或安人卦俱從山水生成總非人爲勉強

卦內八卦不出位代代人尊貴向水流歸一路行到處

有聲名龍行出卦無官貴不用勞心力只把天醫福德

裝未解見榮光

八卦之內有三卦在三卦之內則爲不出卦而吉三

卦之外卽爲出卦而凶向須卦內之向水須卦內之

水二者皆歸本卦則全美矣天醫卽巨門福德卽武

曲此乃一行所造小遊年卦例以溷換星之眞者也

蓋謂世人誤認卦例爲九星五行必不能獲福也

向水者非欲以向必須對水也一路者乃合卦氣之

一路也俗師不辨生旺惟知迎朝立向吉地凶葬甚

可悲也

直解山得山之卦內水得水之卦內向得向之卦內此謂不出位中二句甚言不出卦之妙如行龍先見錯雜水神又流出卦來龍來水先帶駁雜用法又兼巨武之差錯內外都出是爲眞出矣

一句子曰卦內八卦者每卦八路也龍脈山水總在八路之內謂之不出卦出八路之內謂之出卦總在一卦之內名一路行出卦力雜故無官貴

倒排父母陰龍位山向同流水十二陰陽一路排總是卦中來

倒排父母卽顚倒顚之義陰陽交媾皆倒排之法山

向與水神必倒排以定陰陽十二陰陽卽備二十四
山之理言雖有二十四位陰陽總不脫八卦爲父母
也
元空大卦法用倒排此言十二陰陽向有順逆之分
山有山之排法水有水之排法分陰陽定吉凶非三
合十二局之說耳
　直解倒排卽顛倒山向水神必須顛倒以定陰陽
二十四山或順或逆總自顛倒中來也
一勺子曰既得用爻陰陽父母妙在倒排方得眞生
旺蔭龍位同流水極言父母倒挨之法最貴之意十

二陰陽者二十四路一陰一陽配成十二也

關天關地定雌雄富貴此中逢翻天倒地對不同秘密在元空

雌雄交媾之所乃天地之關竅知其關竅而后交媾可定也江南龍來江北望江西龍去望江東此為翻天倒地已詳奧語注中

俗注以辰戌丑未為關天關地非

關者阻塞之義蔣云關竅竅者通也能明元空妙理即通天地之道乃是咏嘆之辭也

直解關即察也看也關天者察天運消長之氣關

地者看地之是地非地去水來山之方位合法與否天地形氣既定再分雌雄再定順逆再憑掌上排其吉凶取其合時合運者用之失時失令者去之此挨星之妙秘密深藏全在元空上着眼不在形跡上尋也故曰對不同也在元空三字指干支而言關節關空中變易之干支知空中變易之干支即知定雌雄分順逆之奧矣翻倒是言陰可作陽陽可作陰陰不是陰陽不是陽翻倒之也

一句子曰雌雄媾合本有翻天倒地對不同之妙然有同一山向同一交媾而有富貴大小之不同此其

翻倒寳有仙機之對不同者存焉非得元空大卦之秘者未易臻此

三陽水向盡源流富貴永無休三陽六秀二神當立見入朝堂

三陽者丙午丁也天玉青囊既重換星生旺矣而此節提出三陽別有深意非筆舌所能道六秀者本卦之二爻故曰二神天玉以卦之父母爲三吉以卦之子息爲六秀

俗注艮丙巽辛兌丁爲六秀非

三陽至吉至吉之中恐有太過不及故兼六秀而言

也

直解三陽水向是活潑潑地一處有一處之三陽一時有一時之三陽此處可作三陽彼處亦可作三陽此時有三陽彼時亦有三陽三陽二字隨氣變遷不可執一注中獨提丙午丁三字不過以此爲例耳

一勺子曰老陰老陽是四位少陰少陽是四位用其一則三者爲三陽此蔣注別有深意之秘二神者正神零神也六秀者一卦八路山上用一路向上用一路所餘六路謂之六秀蔣注丙午丁爲二陽火外有

巽丙丁爲三陽水

水到玉街官便至神童狀元出印綬若然居水口玉階

近台輔蓼蓼鼓角隨流水艷艷紅旆貴

鼓角紅旆皆以形象言

俗泝乾坤艮巽爲御街長生前一位爲鼓角後二位

爲紅旆非

直解御街指來水印綬言羅星鼓角紅旆皆是砂

之美名此節皆以象取類應之耳俗注論方位非

一勺子曰此砂形也語句似玉尺訣法亦在玉尺

上按三才并六建排定陰陽算下按玉輦捍門流龍去

要回頭

三才卽三吉六建卽六秀此節上二句論方位故須排定陰陽下二句論形勢玉輦捍門皆指去水須纏身兜抱謂之回頭也

俗注以長生諸位爲六建及玉輦捍門俱就方位言者非

卦分父母子息一卦有二神此言六秀三才者水取三吉正維干支不可相犯耳

直解六建三才言來山來水干支卦位之吉凶陰陽算者卽算山上水裡得失之屬也玉輦捍門皆

指去水回頭者去而復回有戀戀不舍之情狀也一勻子曰三吉謂貪巨武也本卦謂貪狼生氣對卦爲武曲延年對卦所配爲巨門天醫本宮左右爲輔爲弼合成五吉義見貪狼原是發來遲合輔而成五吉龍等句

六建分明號六龍名性達天聰正山正向流支上寡夭遭刑杖

下二句緊接上二句而言水之取六建是矣然卦之山向在四隅卦中則用本卦支神之六建在四正卦中又當用本卦干神之六建若卦取正山正向而水

又流他卦之支上是陰差陽錯而必有寡夭刑杖之憂矣舉四正卦而四隅卦不辨自明矣此節以下專辨干支零正陰陽純雜毫釐千里之微

已詳上文三才六建之中細玩自明不必另註

直解水法中有天建地建人建馬建祿建財建此六建乃上好格局然恐水多則易犯差錯故特辨之假如四正卦上有水當用本卦干神爲六建如壬子癸一卦壬癸爲建子爲才又爲吉或兼丑或兼亥則有寡夭刑杖之憂矣知此則四隅之卦可以類推矣

前後五節總是辨方位定吉凶之法六建三才二神三吉丙午巳丙指方位干支而言究其所以然之故必須體用兼到爲要也

一勺子曰六龍卽易時乘六龍以御天之龍也得御天之龍固宜富貴名顯御天六龍者生龍旺龍死龍殺龍平龍困龍也亦屬卦內一定之用正山是乘天之山正向是御天之水流支上謂水出卦也

共路兩神爲夫婦認取眞神路仙人秘密定陰陽便是眞龍岡

共路兩神卽一干一支也一干一支皆可爲夫婦然

有眞夫婦有假夫婦眞夫婦爲正龍假夫婦卽非正龍矣知巽巳爲眞夫婦丙午亦眞夫婦若巳丙則不得爲眞夫婦矣其他倣此

此節之注世人妄猜云假夫婦者乃路遇夫妻之謂易猝易敗不覩書中所論兩神曰眞神路又曰眞龍嵓如此顯言尙且胡猜而精微之理自然難知矣

直解兩神卽一干一支壬子亥壬眞假之屬也認取指來山來水兼坐向而言也看准來山來水干支夫婦再辨其孰陰孰陽是眞是假便是分陰陽定五行之綱領故名之曰兩神路

一句子曰一干一支皆可爲夫婦一六同宮二七共處三八爲朋四九作友一干一支配成陰陽如乎乾乾子午巽巽午酉坤坤酉卯艮艮卯一山一水互相爲用爲天元卦中之奥人地二卦倣此此一訣也如巽巳丙午爲眞夫婦此同宮娶妻隔八生子之夫婦以陰陽同行爲眞以陽差陰錯爲假此又一訣如巽巳巳巽艮寅寅艮乾亥亥乾坤申申坤壬子子壬甲卯卯甲丙午午丙庚酉酉庚俱是同宮眞夫婦若癸丑乙辰丁未辛戌俱是假夫婦俱不同宮由於氣有變雜然亦見有用之而發福者由乎天造地設一毫

不假人爲在乎明師品配取用得其眞性情亦有妙用存焉所謂貴通活法也吾輩讀書精理總宜打破籬壁揮其營壘而卓然有徵毋爲陳言所誤

陰陽二字看零正坐向須知病若遇正神正位裝撥水入零堂零堂正向須知好認取來山腦水上排龍點位裝積粟萬餘倉

青囊天玉葢以卦內生旺之位爲正神以出卦衰敗之位爲零神故陰陽交媾全在零正二字零正不明生旺必有病矣若知其故而以正神裝在向上爲生入而以零神裝在水上爲衰入則零堂正向豈不兼

收其妙乎向水既妙而來山之腦未必與坐向相合又當認取果來山又與坐向同在卦內則來脈又合非但一向之旺氣而已惟水亦然蓋山有來山之腦水亦有來水之源水龍卽是山龍亦須節節排去點位裝成果然步步零神則水之來脈與水之入口同一氣山之坐向與山之來脈同一氣斯零正二逢別無間雜而為大地無疑矣

堪輿者陰陽之別名須知天違地乃可當之天分星宿移宮換度地列山川起伏交錯天缺西北地陷東南所以天有歲差之分地有零正之別正者整也如

物之整既有其整必有其零如無其零何以名整零附於整整伏有零零正不知其數必亂亂則主敗蔣公註曰零正不明生旺必有病矣病者患也著一病字其意深矣

直解零正即陰陽消長之道陽長即零轉而爲正陽消則正轉而爲零消長不一陰陽無定苟能考究消長之精微方曉坐山朝向之病不病矣坐向謂坐之得則坐向之得則向重在得與弗得不重坐與向也

一句子曰認取來山腦是山上下卦之秘水上排龍

點位裝是水裡下卦之秘

正神百步始成龍水短便遭凶零神不問長和短吉凶不同斷

蔣云此承上文而言正神正位裝向固吉矣然其向中來氣須深遠悠長而后成龍若然短淺則氣不聚難以致福至於水則不然一遇正神雖一節二節其煞立應矣其零神之長短又與正神有異使零神而在水雖短亦吉若零神而在向雖短亦凶是零神之吉凶在水向之分而不係乎長短也

此言零正之道吉凶如此恐人不明故又承上言之

直解正神言山上排龍零神言水上排龍山上排龍排得正神所到之方宜來龍來脈實地高山俱吉有水則凶所謂百步者甚言其最近也水上排龍排得旺神所臨之地得水便吉無論遠與近也此亦山洋裁穴定向之要訣也　山上之零神即水裡之正神水裡之零神即山上之正神上元之正神即下元之零神下元之正神即上元之零神零正無定隨時運行而升降者也

一付子曰水是正神之水得百步之長而水龍成矣若水短則水雖正神亦不成龍零神長短有吉有凶

蓋由於挨來之星以爲主宰星吉則凶水爲制伏星凶則吉水亦滅福故云不同斷

父母排來到子息須去認生尅水上排龍點位分兄弟更子孫

亦承上排龍而言卦之中氣爲父母卦之二爻爲子息而本宮他卦之父母爲兄弟上二句言山上排龍下二句言水上排龍山上排龍從父母排到子息總是一卦則卦氣純矣然須認其卦之生尅若得卦之生氣則純乎吉若得卦之尅氣則純乎凶矣豈可以其卦之純一而遂謂吉哉山上排龍來脈一路大都

只在一卦之內至於水上排龍則不然水有一路來者亦有兩三路來者故須照位分開而不能拘一卦之父母只要旁來之水亦在父母一氣之卦謂之兄弟兄弟卦內又有子孫雖非一父母而總是一家骨肉來路雖多不害其爲吉也凶者反是

世人비知衰旺爲是生尅竟置不論豈知衰旺之道惟在大五行生尅不分生尅則生可爲衰旺可爲尅兄弟子孫亦無辨別矣

直解上二句言山上排龍下二句言水上排龍山上排龍以山爲龍者也穴后有主山即以主山爲

父母無主山以入首束氣處爲父母其餘擗換傳變高低起伏開帳結頂之處卽爲子息此子息是形象之子息非挨排之子息挨排之子息蓋以主山入首處挨着五行爲父母開帳起祖處挨着五行爲子息此處五行總要有益於主山入首者爲生與主山相剋相反者卽爲尅非是主山火曜不取艮金祖帶廉貞無用曲水之呆法也水上排龍以水爲龍者也水有一處來者有兩三處來者有四五處來者總以照穴有情有力處爲主衆水排龍之法排着同元一氣者爲兄弟挨得五吉三星

者亦爲兄弟兄弟之左右兩傍便爲子息非子父

財官之子息也

一勺子曰天玉外傳云二十四山起八宮三卦滅元

空恩仇却是先天定宗支分兩姓同宮異姓紛紛在

一宅有內外兩家父母生兒孫炁寡不同論一家骨

肉有十四一家十個是指出父母兄弟子息恩仇姻

親同宗異姓各各不同一宅有內外是同宮之逆子

逆子似不同宗支而仇怨刀兵起矣宗支分兩姓而

姻親玉帛陳焉認生尅排龍位須點位分開實見得

是兄弟是子息是仇怨是姻親而妙用始得其法如

當一白之元一即爲祖宗以先天坤位爲母以先天乾位爲父以後天壬子癸丙午丁爲男女又以中爻爲父母兩旁爲子孫以中爻受氣多又當值元之位也如所下之卦是先天子位則乾與子爲內變巽與午爲外變合子午乾巽謂之四神統卯酉艮坤謂之八貴蓋卯酉爲子午之本宗兄弟姊妹也艮坤與乾巽是子午之異姓兄弟姊妹也或子兼癸癸在子後爲後兼爲天兼人卦合八貴與癸丁乙辛并本卦之壬丙是名一家十四餘十宮爲一家十個但又有姻親仇怨之別辰戌丑未是仇敵之人以陰對陰支對

支雖屬一體而情不相聯雖爲同輩而意常爭勝甲庚是疎遠契濶之人壬丙是同居異心之子共生一廬而心性形容都別各處一方而面目聲音不同以干非支偶陽非陰類耳乙辛二路與同宮癸丁又是一𠆫兄弟一氣之義寅申二宮與山向子午有隔八相生之數俱屬瓜葛姻親巳亥二字有似行道之人漠然冥然旣無親亦無怨也他卦倣此

二十四山分兩路認取五行主龍中交戰水中裝便是正龍傷前面若無凶交破莫斷爲凶禍凶星看在何公頭仔細認蹤由

此一節專主卦之差錯者而言兩路者陰陽生死也二十四山每山皆有兩路非分開二十四山歸兩路也兩路之中須認取五行之所主五行所主貴在清純若龍中所受之氣既不清純而吉凶交戰矣倘能以水之清純者救之庶龍氣遇水制伏而交戰之凶威可殺奈何又將龍中交戰之卦裝入水中則生氣之雜出者不能為福而死氣之雜出者適足為禍正龍有不受其傷者乎然水之差錯其力足以相勝吉多者吉勝凶凶多者凶勝吉入口雖然交戰而來水源頭若無凶星變破則氣猶兩平雖不致福亦未可

遽斷爲凶禍且凶星之應亦有公位之分吉凶雙到之局只看某房受著便於此房斷其有福不受著者亦不應也非如純凶不雜之水房房受其禍殃之比故其終尤當仔細認云

此乃吉凶各半之地故曰戰也而戰之一事惟在主帥運籌定謀可獲其勝稍有失算必主其敗生死頃刻可不慎哉地道亦然如或龍氣不清以水制之猶可取勝亦能轉凶爲吉也

直解五行主者山水清純一卦之主也如來龍出卦與左鄰右舍相雜此謂龍中交戰水神又流出

卦與他卦干支混淆此謂水中交戰挨星又一得一失裝在水中此謂元空交戰山與水俱屬吉凶交戰用又半吉半凶如是而龍有不受其傷者乎前面言水水上挨星若無凶星交戰未可遽言其凶末二句與公位若來之意同耳

一勺子曰二十四山分兩路即恩仇却是先天定宗支分兩姓之解龍中交戰謂出卦雜卦之龍凶交破謂出卦雜卦之局看何公頭知是何房受灾夫雜局之能發福余眼中所驗不勝縷舉凶星看何公頭亦一定之法此看雜局秘訣也

先定來山後定向聯珠不相放須知細覓五行蹤富貴結全龍

此節單就山上龍神而言青囊天玉原以來山所受之氣與向上所受之氣分爲兩局然兩局又非截然兩路故云聯珠不相放此不可約畧求之者也須當細覓踪跡若是富貴悠久之地必然來山是此卦而向首亦是此卦一氣清純方得謂之全龍耳

山龍大地固有一定之案然衆山排列於前美惡不齊悉貪秀峯以作朝向而尖山龍之眞穴故云先定來山後定向聯珠者兩局同一卦也古人事事精詳

扦穴定向莫不用其深心焉

直解先定來山者先將山上星辰用得合法山管人丁故以山爲先也後定向者向首一星禍福之柄水主財祿故以向爲後也山向雖有先後之分其用則一故云不相放細覓五行蹤者要在翻天倒地中細覓也全龍者向首是此一卦來山亦是此一卦氣質清純陰陽相配此謂之全龍也

一句子曰先定來山是將來山之龍辨其合元與否若不合元而局勢俊美不能割愛又看向上卦氣合運與否若向上合元則收向上之氣作之舍首用趾

名曰聯珠莫覓向上五行踪跡亦出富貴全龍者來山向水或坐水騎龍一氣清純定然有福無禍若不清純恐非全龍而禍福參差耳

五行若然翻値向百年子孫旺陰陽配合亦同論富貴此中尋

此節亦上二句言山上龍神下二句言水裡龍神五行翻値向者五行之旺氣値向也翻卽翻天倒地之翻言生旺氣翻從向上生入也山管人丁故云百年子孫旺而富貴亦在其中矣陰陽配合水來配合也亦與向上之氣同論但用法有殊耳水管財祿故云

富貴此中尋而子孫亦在其中矣

此言山水二龍剛柔之性各異故曰翻也非是山龍發丁水龍惟出富貴如果龍眞穴的富貴子孫皆同耳

直解翻卽翻天倒地之翻五行値向者天元九氣之旺星翻値向也陰陽配合者陽水陰山雌雄配合元竅相通也翻倒雖有山水之分其用則一故曰亦同論此卽山水陰陽顚倒顚之意也

一句子曰此卽上文聯珠不相放之說此局多是旺子孫發財帛若向之五行果能媾合雌雄亦與高山

同論亦可於此中尋大富貴毋輕謂其旺人財而止
也
東西父母三般卦算值千金價二十四路出高官緋紫
入長安父母不是未爲好無官只豪富
此節發明用卦之理重卦體而輕爻重父母而輕子
息葢同一生旺而力量懸殊言東西而南北在其中
矣青囊天玉之秘只有三般卦訣若二十四路不出
三般之內則貴顯何疑然卦內又當問其是卦之父
母否高官緋紫必是父母之氣源大流長所以貴耳
若非父母而但乘爻神子息之旺則得氣淺薄僅可

豪富而已

直解東西卽日往月來之東西三般卽日月東西循環往來顛倒顛元空起父母之三般起父母三般卽一時一刻亦不離此三般也蓋一刻爲一時之三般一時爲一日之三般一日爲一氣之三般一氣爲一歲之三般一歲爲一運之三般一運爲三元九運顛倒顛元空起父母之三般及百千萬年爲運會元化之三般卦者運有運之卦元有元之卦也卽一時一刻各有專令主事之卦此卽一時一刻之三般此卦周流六虛不偏不倚至公至

平無休無息隨時而運行遷謝者也若以三合爲三般三吉爲三般者眞謫何曾夢見耶

一勺子曰父母不是謂所下之卦不是父母或子息或兄弟如一白之元下兌坤二卦之類但是兌坤中爻力量尤重若承入地二卦則更輕矣蓋父母力大以左右有子息護衛內氣淸純不雜若子息恐雜他氣所以力量懸殊也

父母排來看左右向首分休咎雙山雙向水零神富貴永無窮若遇正神須敗絕五行當分別隔向一神仲子當千萬細推詳

亦承上文用卦須父母而言父母排來要排來山之
龍脈也來山屈曲必不能盡屬父母兼看左右兩爻
子息若何若子息清純不雜又看向首所受之氣如
何逢生旺則休逢衰敗則咎若雙山雙向卦氣錯雜
須得水之外氣悉屬零神尅入相助則雙山雙向爲
水神所制伏而富貴可期矣萬一水路又屬正神則
生出尅出兩路皆空而敗絕不能免矣公位之說乃
因洛書八卦震兌離坎而定孟仲季三子之位隔向
一神猶在離卦之內故云仲子天玉畧露一斑以爲
分房取驗之矩矱言仲而孟季可以類推矣

地雖成局宜參零正不辨零正必主房分駁雜出入性情怪僻居心不端貌體帶殘皆由此也

直解山向乃穴之主腦吉凶萬端從此而出順逆陰陽從此而分如用雙山五行之山雙山五行之向卦氣已屬兩家左右順逆仍屬一氣者無碍水局零神毫無夾雜亦能發福倘所坐所向之方界乎半陰半陽之地水神又在不零不正之間如是欲謂之左非左謂之右非右謂之正非正謂之零非零矣山向水神生出尅出敗絕必不能免矣雙山雙向卦氣既屬不一則九星從何氣而分其陰

陽從何卦而別其順逆乎當分別者謂當分坐山得何五行向首得何五行知坐山向首之五行則某山吉某山凶某水合某水不合不辨而自明矣所云隔向一神者帝釋是也　俗術分房之說都以左爲長右爲季向前爲仲註云隔向一神猶在離宮之內蓋指一時一氣一宮一向而言也若時運變遷斗轉星移則隔向一神亦隨之而變易矣隔向一神旣隨之而變易則孟仲亦隨之而更換斷非左孟右季之呆法也可知矣

一勺子曰雙山雙向者如壬亥丑癸山向之類卦氣

錯雜是也水是零神則雜卦亦主富貴悠久水力更重故也

若行公位看順逆接得方奇特宮位若來見逆龍男女失其蹤

承上文仲子一神而概言公位之說順則生旺逆則死絕然不云生死而云順逆者若論山上龍神則以生氣爲順死氣爲逆若論水裡龍神則又以死氣爲順生氣爲逆故也

公位者分房之說也此宮位者乃言山水各有衰旺之理也

直解公位即孟仲季分房之說順逆即往來得失之屬接得云者蓋現在與將來相接也現在與將來相接方為奇特如與過去已往者相接便謂之逆又有半與將來相接半與已往相接亦謂之逆是有失踪之患矣訣中以生氣為順死氣為逆專指山上排龍而言若論水裡排龍則又以生氣為得死氣為失顛之倒之所謂水用逆星仍用順即同此意

一句子曰山上之生氣即水裡之死氣水龍之生氣即山龍之死氣二者各有零正各有順逆得其正者

房房均發得其零者男女失蹤世之停親暴骨陷人不孝皆公位之說悞之也其貽患於生民豈淺鮮哉上文雙山雙向凶星看在何公頭等句但爲雜卦言之耳若向首一氣清純自應百子千孫俱福矣何禍之有

更看父母下三吉三般卦第一

通篇皆明父母三般卦理反覆詳盡矣終篇復申言之若曰千言萬語只有此一事而已無復他說矣葢致其叮嚀反覆之意云

其要惟在三卦終篇又明此義耳

直解三吉即一元三吉三般即顛倒顛元空起父母之三般習是術而不知此三般起父母之奥一切說元說妙總屬胡言反覆叮嚀不過反覆詳盡之意耳

一句子曰三吉即父母與子息然又有先天之吉又有後天之吉合先天後天與本宮亦名三吉合先後二天與本宮之子息共六位亦曰六秀

內傳中

二十四山起八宮貪巨武輔雄四邊盡是逃亡穴下後令八絕

此節反言以興起下文之意言一行所作小遊年卦例以二十四山起八宮而取貪巨武輔爲四吉若其說果是則宜乎隨手下穴皆吉地矣何以四邊盡是逃亡穴下後反令人敗絕哉則知卦例不足信而別有眞機如下之所云也

一行以輔弼二星合爲一宮以滔挨星不論何時位位反吟凶固是凶吉亦易敗耳後人不明又將此法移於陽宅此爲謬中之謬楊公不忍世人被惑故特闢之

直解八宮卦例以八卦之陰陽分順逆弁有以六

十四卦每卦分得八卦定吉凶者亦非也　此節專論八宮卦例之非恐人誤認故特辨之

一勺子曰有一眞義便有一假說以亂之件件皆然固不但一貪巨武輔也

惟有挨星爲最貴泄漏天機秘天機若然安在內家活當富貴天機若然安在外家活漸退敗五星配出九星名天下任橫行

緊接上文卦例既不可用惟有挨星元空大五行乃爲陰陽之最貴者天機秘密不可流傳於世但可偶一泄漏而已安在內不出三般卦之內也安在外出

三般卦之外也出卦不出卦禍福迥殊安得不貴耶夫挨星五行非如游年卦例但取四吉而已葢八卦五行配出九星上應斗杓知九星之作用便可橫行天下無不響應矣卦例云乎哉

天機用在內者用三卦合星於龍向水也若詳八卦五行九星之妙則知何卦合龍何卦合向何卦合來去何卦合城門何卦在內何卦在外此中元妙非深知九星者不可蓋九星司陰陽之機執禍福之權分陰陽辨生死定衰旺全在乎此此生彼死此旺彼衰九星不明生旺無着苟知九星變化其中抑陰扶陽

補救直達一一透悉於胸中則知陰陽三卦無窮之局星局之更易不能使之不更不易星之變遷不能使之不變不遷此局局不同星星各異所謂一個排來千百個者此之謂也握其權者惟有挨星一訣可以轉移造化泄漏天機故曰最貴但其挨法如環無端非筆墨所可得而罄也余非不欲洩此天寶留心訪察未得其人凡有所遇亦有忠正好道之士其口未能三緘亦有詡詡自好心滿目空亦有談論之間點之不省或由居心狂妄情慾太甚浮而不實亦有以天機秘寶視之甚渺亦有沿街賣唱走四方以求

衣食者實屬可憐叩其義理不明却從何處談起種種之人遇而不遇本欲秘之不語因見世之論三元者臆度紛紛所言者天地交會所指者陰陽相見問其何爲交會何爲相見皆不能答若而人者豈能辨生死定衰旺耶甚至論三元者兼論三合何異捕風捉影論三合者兼講三元稱之張冠李戴三元三合天懸地殊靑囊奧旨舉世茫然自誤誤人哀哉辨正一書辨闢前人之訛豈知前訛仍在徒假此書之名復增其僞所以不得不爲之再辨辨之不正其謬仍在茲於篇中畧指一二聰慧之士由此入門辨正妙

義庶可不失其正矣
頂解法將得時得令之星安合時合局之水謂之安在內自有富貴之應若令星不得其所謂之安在外自有退敗之患在山在水一同論也五星配出九星即八卦配出九宮九宮分作三元如此推度行乎天下無不響應統定卦例之說者宜細推之方知此是彼非所云最貴者謂法之最貴也得傳之後切不可浪洩天機輕示匪人以招造物之忌也是法始於晉盛於唐自五代及宋元註書立說者數千百家諸法雜出以偽亂眞紛紛聚訟龍

蛇莫辨於是有心者無所依歸求食者藉爲憑信
如是則僞者日益盛眞者日益失矣

一勺子曰三般卦之挨星純以元運爲主九星亦以值年之星爲吉天機安內安外謂山脈來水純是三般卦之內清純不襍則吉一有間雜出卦之外即名空位最凶此水龍安內安外之旨也若山龍天機安在內主男貴安在外主女貴水龍之訣微而顯山龍之訣顯而微知其解者掌握造化矣

干維乾艮巽坤壬陽順星辰輪支神坎震離兌癸陰卦逆行取分定陰陽歸兩路順逆推排去知生知死亦知

貧留取教兒孫

此節分出元空大卦干支定位以足前篇父母子息之義四維之卦以天干爲主者也干維曰陽四正之卦以地支爲主者也地支曰陰此陰陽非交媾之陰陽也知卦之所主則父母子息不問而自明矣其陰陽兩路每一卦中皆有陰陽兩路可分非將八卦分爲兩路何者屬陰何者屬陽也其順逆推排卽陰陽兩路分定之法非乾艮巽坤爲陽順坎震離兌爲陰逆若如此分輪則皆順也何云逆乎至於四卦之末各綴一字曰壬曰癸此又挨星秘中之秘可以心傳

而不可以顯言者也
四正四維各有兩路分用非以四正從癸四維從壬亦非言壬癸分爲順推逆排也
直解四維之卦以乾坤艮巽爲主四正之卦以子午卯酉爲主知卦之所主卽知卦之父母子息矣知此卽知何者屬陽何者屬陰卒中分陰陽定五行辨順逆之法得矣所言壬癸是隨時而在之壬癸非方位干支之壬癸卽在在之壬癸亦有陰陽兩路可分當細細揣之自得在氣不在方之訣矣乾坤艮巽子午卯酉皆卦之中氣卦之中氣爲父

母偏傍兩爻爲子息

一勺子曰四卦之末各綴一字蔣云不容顯言細閱之篇中已顯言之矣下文第六節不云乎甲庚丙壬俱屬陽順推五行詳乙辛丁癸俱屬陰逆推論五行艮巽陽綴一壬字則甲庚丙可知矣坎震陰綴一癸字則乙辛丁可知矣然陽支尚有寅申巳亥陰支且有丑未戌辰舉當連彙及之者

天地父母三般卦時師未曾話元空大卦神仙說本是此經訣不識宗支但亂傳開口莫胡言若還不信此經文但覆古人墳

曰天地曰東西曰父母曰元空曰挨星名異而實同若於字義屑屑分疏則支離矣此節蓋恐學者得傳之後以爲大易而輕忽之故極言贊美以鄭重其辭非別有他義也說到覆古人墳是徵信實着乎得傳來洞徹元空之理今故注此經文駁前人之謬直捷了當畧無畏縮皆取信於覆墳蓋驗之已往劵之將來自信其一毫之無誤深許心契古人而可以告無罪於萬世也

覆舊之說亦可明達習亦然近日所葬公卿之地盤縱大不過鋪設壯觀而已須覆其發公卿之地方

有補益然不明青囊之妙以眞爲僞雖覆萬塚愈增疑惑苟知元空大卦又何必覆之於舊耶

直解天地即干支父母是變易干支之父母三般即一四七二五八震乾離之三般宗枝者起父母之宗枝也起父母之宗枝若不從此三般便是僞法然此三般卦訣秘密深藏貴在心傳難以顯言楊公說道覆古人墳甚驗之已往即可証之將來深信其一毫無訛耳

一勺子曰不識宗支開口妄言用以贈天下之妄注青囊妄解天玉者注青囊解天玉誠非易易余於此

汪頗識宗支免於妄言誠哉自許心契古人而不得已耳

分郄東西兩個卦會者傳天下學取仙人經一宗切莫亂談空五行山下問來由入首便知蹤

此亦叮嚀告戒之語而歸重於入首蓋入首一節初年立應尤不可以不慎也

此言入首扼要蔣云初年立應而日後亦可知耳東西兩卦已詳上篇矣

直解分者即分運行不息之氣也運行不息之氣蓋以來者爲東往者爲西陽者爲東陰者爲西動

者爲東𦕅者爲西非世俗以坎離震兌分東西也
又非以十二支左兼右兼水法之左到右到分東
西也兩個是言隨時而在之陰陽也苟能分得在
在之陰陽則知此陰彼陽此東彼西之兩個矣曉
得此兩個定卦分星之奧下卦起星之訣畧見一
班矣

一勺子曰入首是此卦山向亦是此卦或爲大卦之
父母或爲大卦之子息的知眞蹤俱有妙用不必謂
子息稍遜而強下父母致失天機秘妙也

分定子孫十二位災禍相連值千災萬禍少人知尅者

論宗支

此節直糾時師悮認子孫之害葢子孫自卦中分出位位不同豈如俗師干從支支從干二十四路止作十二位論若如此論必致葬者災禍相連値矣旣遭災禍而俗師終不知所以災禍之故胡猜亂猜或云干凶或云支凶總非眞消息也夫災禍之發乃龍氣受尅所致而龍氣之受尅實不在干支葢有爲干支之宗者焉所謂父母是也知其宗之受尅則知干支亦隨之而受尅所以不免災禍耳深言十二位分子孫之說之謬如此

此因三合之書派定十有二局以至惑世害人三元之局只有眞陰眞陽一訣若不明此亦於三合無異耳

直解當世所用雙山五行之法呆將二十四山分作十二位論陰陽辨順逆總由不知顚倒顚元空起父母之宗支也元空起父母之宗支二十四山陰陽不一顚倒無定隨時運行隨時變易者乃是眞元空眞陰陽眞五行也若拘呆法硬法某干屬陽某干屬陰者斷非知音之輩也

一句子曰天玉諸卷尅字多作死字解不曰生死但

曰生尅

五行位中出一位仔細秘中記假若來龍骨不眞從此誤千人

此節又詳言出卦不出卦之密旨蓋同一出位而有卦內卦外之不同若在卦內則似出而非出若在卦外則眞出矣此中秘訣當密密記之在卦內則龍骨眞在卦外則龍骨不眞矣

卦中出位既有可出必有不可出者同一出位禍福逈別不可不愼也若明元空之理卦雖出位亦有內外之分若在卦內去取合宜仍不害其爲吉也試以

命理言之予許之去殺留官亦猶挨星之趣吉避凶也古今以來取信於人者挨星大卦而已挨星一訣可操天運之權得訣者看其山水配其雌雄定其星曜參其吉凶以靜合動以資配質所謂初年禍福天時應歲久方知地有權者是也每有大地不能吉應甚至禍福雜出譬之庸醫執死方以治活病醫一人卽殺一人俗師看一地立一向卽殺一家可不愼哉

直解地卦不出天卦不合亦謂卦外地卦出而天卦不出是謂卦內卦內云者在天心生旺之卦內也出一位卽巳丙亥壬申庚寅甲之出一位曉得

出一位之眞訣隨手拈來無非妙用所謂不眞者非龍脈石骨水口種種之不眞是挨星訣之眞不眞也如不得眞訣所誤豈止千人而已哉　細按此節則知拘拘於一卦淸純者非也卽雙山三合不論水法之出與不出惟用長生冠帶排着吉者則吉凶者則凶亦非也

一句子曰五行位中出一位知其用者尚可收入若來龍骨不眞局雖精儍亦宜棄去斷不可用若勉強用之悞人多矣

一個排來千百個莫把星辰錯龍要合向向合水水合

三吉位合祿合馬合官星本卦生旺尋合向合吉合祥瑞個法能趨避但看太歲是何神立地見分明成敗定斷何公位三合年中是

一個排來變化不一故有千百個也龍向水相合前篇已詳祿馬官星在本卦生旺則應不然則不應此以生旺爲重而祿馬官星在所輕矣

龍向水三者缺一不可其中用法辨其星辰正變凡有所結不外偏正饒減横正廻飛雖有千百之多惟以卦理合之祿馬官星是所輕耳言三合者多主禍福之應後人竟兼三合用之三合亦兼三元皆因此

書元妙大深後人無從捉摸本文成敗定斷何公位下句卽云三合年中是想到出神入化可謂草木皆兵矣、

直解合而爲一散而爲九縱橫顚倒流轉星辰變易不一陰陽無定千百個者甚言陰陽之千變無窮也星辰錯非爲合官合貴之錯正言不合生旺之錯龍向水都合生旺再合之以官貴自然應驗倘不合生旺空推祿馬貴人有何益哉所言太歲三合總論錯不錯之應驗也

一句子曰但看太歲是何神立地見分明在一年則

以太歲爲主在一紀則以令星爲尊合太歲則凶星可變爲吉不合令星則吉星亦變爲凶祿馬官貴諸神總從太歲爲禍福貪巨祿文諸星皆由令星分吉凶也或曰本文言太歲不言令星蓋太歲即指當權乘令之星篇內不明言其秘密深矣

排星仔細看五行看自何卦生來山八卦不知踪八卦九星空順逆排來各不同天卦在其中

五行總在何卦中生不在干支中定所謂父母子息也不知八卦踪跡從何而來則九星無處排矣蓋星卦之順逆各有不同即此一卦入用或當順推或當

逆推有一定之氣而無一定之用所謂天下諸書對不同也要而言之則元空二字之義盡之矣

此言卦理順逆變化不同以引下文之意

直解何卦生蓋言何元之生旺何運之主張五行者天心流轉之五行也天心流轉之機總在何卦之所主何卦之所生仔細查准然後分陰陽定五行則知何山當順推五行何山當逆挨九星若不知何卦所生何卦所主之踪跡八卦九星豈非空有耶卽此一卦用於此處當順用於彼處當逆用於此時當順用於彼時當逆此乃天卦在中之所

使也

一句子曰天卦之中以空爲主九星之空以生爲用氣是活活動的捉得氣住方排得星定應順應逆自有一定之用也

甲庚丙壬俱屬陽順推五行詳乙辛丁癸俱屬陰逆推論五行陰陽順逆不同途須向此中求九星雙起雌雄異元關眞妙處

此畧舉干神卦氣之例陽四干則順推八卦陰四干則逆推八卦一順一逆雖不同途而此中有一定之卦氣可深求而得者至其每卦之中皆有一雌一雄

雙起之法乃陰陽交媾元關妙處也又不止一卦有一卦之用而已舉八干而支神之法亦在其中矣星有順推亦有逆排所謂天心無偏照也若陰陽失一則天心無主陰陽自爲孤獨之陰陽而已

直解所言甲庚是來何地落何宮隨氣變易之甲庚非東甲西庚之方位如拘於東西甲庚之方位則二十四山宜有一定何以有時占陽有時喚陰之更變耶讀者切莫誤認　上三節總是空中分陰陽定五行之法

一句子曰合看曾序二十四山分順逆節奧語坤壬

乙節二十四山分五行節天玉干維乾艮巽坤壬節
并此節挨星之大旨瞭然矣一山雙用順逆之授受
由天向首之起星相水能知此竅山山可以承天郎
山山珠寶也不知此竅則山山失運卽山山火坑也
秘訣不出文字外當潛心深悟可也

東西二卦眞奇異須知本向水本向本水四神奇代代著緋衣

此節又重言向水各一卦氣兼收生旺之妙向上有
兩神水上有兩神故曰四神

直解二卦者山有山之卦氣水有水之卦氣山有

山之用法水有水之用法也本向本水者水得本元之水向得本元之向也向上有兩神水上有兩神此謂四神此四神當在陰陽交會上推算不在別處也水得本元之水自無上山之患山得本元之山自無下水之病矣

一句子曰一元龍力而川吉之山統收四吉之水齊會可稱莫大之局然本向本水四神之局亦不小也

水流出卦有何全一代作官員一折一代爲官祿二折二代福三折父母共長流馬上錦衣遊馬上斬頭水出卦一代爲官罷直山直水去無翻場務小官班

水不出卦須折折在父母本宮若折出本宮雖折而後代不發矣馬上斬頭卽一折父母便流出卦如斬頭而去也本卦水又以曲折爲貴乃許世代高官若止直流雖然本卦而官職卑矣

此言局之大小其水折折有情不出父母之卦大地無疑如一折出卦卽直流而去此小局也承上本向本水而深言之若向水雖合尚有辨別耳

直解此節專言曲水之吉凶水有一兩曲者有八九曲者經云水曲則氣動水折則氣活水法雖以曲爲吉然曲多則易犯出卦必須曲曲折折都在

一氣之內一宮之間方爲上吉錦衣云者甚言曲而不出之吉也如一曲一折便屬零正混淆陰陽夾雜卽爲出卦亦有近水清純遠水雜亂者亦有遠水清純而近水錯雜者亦謂之出卦自有一代之應驗也所謂場務小官者是言直來直去之應驗也

一勺子曰天地八三卦一卦八位分管廿四山向須要山是卦內之山水是卦內之水認得處處合何卦處處不出何卦乃下此一卦以收之又要認得處處不出卦只有那一處一爻出卦又用前兼後兼之法

以收之然既用兼加以收之倘有出卦之處則斷定其家必有凶禍以拱夾對沖三合之年命以應之水流一折應一代爲官二折應二代折愈多則代亦多總以不出卦爲福以出卦爲禍一折卽出卦名斬頭至二折三折出卦則爲禍稍輕然爲福終薄也水喜直來有曲總在本卦主正途科甲一曲一折一代爲官二折三折應二代三代至五六八九折則簪纓世代矣水若橫來不曲雖爲官亦非正途主捐納功名直山直水形家所忌以其似木直沖尖山尖水亦忌以其似火尖利故惟取平方員平正

內傳下

乾山乾向水朝乾乾峯出狀元卯山卯向迎源水驟富石崇比午山午向來堂大將值邊疆坤山坤向水坤流富貴永無休

此明元空大卦向水兼收之法舉四山以例其餘皆卦內之清純者也乾宮卦內之山作乾宮卦內之向而收乾宮卦內之水則龍向水三者俱歸生旺矣非回龍顧祖之說也或云狀元或云大將或云驟富者亦錯舉以見意不可拘執

此言龍向水須與卦合合則無不吉應故引狀元大

將富貴以喻之文武皆輔朝廷並無輕重之分而文臣之後亦出武將武將之後亦出文臣乃陰陽變化之理也且一朝而有一朝之人物實由天運旋轉其機皆有莫之爲而爲者也時師止曉指形說象分文辨武如痴如醉似病似狂熾惑一班愚夫俗子要文嫌武妄想富貴殊不知富貴皆從積德而來苟能積德何愁無地爲文爲武自有造化所主時師何能知此

直解乾山者乾運卦內之山也乾向者乾運卦內之向也乾水乾峯者水亦乾運卦內之水峯亦乾

運卦內之峯也然非坐水之說其訣可以一語破
者向上水上之星卽山上之星也
一句子曰乾爲天爲首在八卦又爲第一大哉乾元
周易班班可考也局內得乾氣之山乾卦之向乾卦
之水乾卦之峯其出狀元斷斷不移也此局或午脈
乾向乾脈午向艮水見甲峯起或甲水見艮峯起通
先後天尋納甲驗諸古墳歷歷不爽者又見子甲巽
辛亦多發元甲爲天干之首子爲地支之首巽爲文
峯辛爲文庫故也卯坤主巨富貴顯以卯爲日出之
門先天在天市之地坤有載物之義後天居巽順之

宮也午主將軍以火炎之性在先天稟離日之精在後天稟乾金之體合日精乾金離火需威而成性非將軍之威武不足以當之外此有巽山巽向男尚宮主女作后妃艮水艮峯忠良特起仙聖來育子山子水性情放縱儒雅風流酉龍酉山才品俊偉文武兼優四局未詳宜補入之

辨得陰陽兩路行五星要分明泥鰍浪裡跳龍門渤海便翻身

陰陽兩路上文屢見此重言以申明之耳下二句言變化之易

此節咏嘆上文之意惟言陰陽變化之妙耳

直解辨卽辨元空變易之陰陽辨清元空變易之陰陽自曉陰陽順逆之兩路矣旣識兩路再辨山上水裡之宜忌氣運消長之得失陽水陰山之配合兼貪兼輔之得宜自能一葬便與魚龍變化於頃刻間也

一勺子曰泥鰍浪裡便翻身渤海極言乘時變化之神速也

依得四神爲第一官職無休息穴上八卦要知情穴內卦裝清

前篇本向本水四神奇是姑置來龍而但重向水此節穴上八卦要知情又從穴上逆推到來龍以補四神之不及穴上是龍穴內即向也

上文龍要合向向合水此節穴上穴內之句讀者最宜著眼不可滑過近日俗師徒將墓門另設一向否則隔宮取向自謂穴上已得穴內亦不背氣可稱百孔千瘡窮思極想無出其右也譬之水濁投礬見者效而爲之惟見其色不知其名取麪投之則水愈攪而愈濁矣所云穴上穴內中有奧義穴內者向水兼取三卦之妙穴上者逆推來龍以詳四神得與不得

若內外俱合乃爲一氣相貫而悠遠不替矣今之論三元者不明三卦之用法徒知一墳兩向是爲狗尾續貂殊屬可笑

直解依者承上文而言也上文專言向水上之四神此節兼山向水而言也穴中指山穴內言水山上水裡各有兩神故曰四神此四神先要曉得何山得何五行何水得何五行細細裝清方知山上得何兩神向首得何兩神水裡得何兩神如是可得四神之提訣矣

一句子曰此節姚章兩訣曲盡其義無容再贅矣

要求富貴三般卦出卦家貧乏寅申巳亥水來長五行向中藏辰戌丑未叩金龍動得永不窮若還借庫富後貧自庫樂長春

前篇甲庚壬丙一節是四正之卦此節又補四隅之卦觀此則支水去來吉凶之言當活看不可死看矣辰戌丑未雖俗云四庫其實元空不重墓庫之說借庫出卦也自庫不出卦也是重在出卦不出卦不重墓庫也

所貴者此一動耳動則活矣不在墓與不墓其動雖有人知惜乎不明卦理以向上消詳穴法之用其用

不明雖動無益庫乃藏物之所至貴全在庫動如以庫言二十四路皆是庫也豈特辰戌丑未而已哉

旨解寅申巳亥辰戌丑未俱屬四維之炎神論卦本屬一氣即大五行亦同一體向中藏者是言水裡龍神得與失也得爲動又謂自庫不得則謂出卦又謂借庫借庫自庫不問水之去來總要得五行生旺之氣不必拘於庫與不庫也　時師一見水來便云立某向收某方水來爲長生水到堂左水倒右者當立陽向如右水倒左者當立陰向長生官旺方水宜來衰病死絕方水宜去去處必須

辰戌丑未方便爲歸庫九州一例中外皆然深可
痛哉
一勺子曰辰戌丑未是甲庚丙壬之庫乙辛丁癸是
寅申巳亥之庫乾坤艮巽是子午卯酉之庫借庫是
不歸其位謂之借庫以其出本卦故應富還貧
大都是起何方是五行長生旺大旃相對起高岡職位
在學堂捍門官國華表起山水亦同例水秀奇峯出大
官四位一般看
此節言水上星辰卽山上星辰只要得生旺之氣在
山在水一同論也

捍門即城門也旺氣由此而進所謂城門一訣最為要者此之謂也

直解此節言山上水裡左右功曹龍虎案托捍門華表貴得生旺之氣在山在水一同論也

一句子曰何方兩字最宜着眼四位者即四神也五行得其生旺山水皆吉故云同例一般看也

坎離水火中天過龍墀移帝座寶蓋鳳閣四維朝寶殿登龍樓罡劫弔煞休犯着四墓多銷鑠金枝玉葉四孟裝金箱玉印藏

坎離水火一句乃一章之所重其餘星宿總是得生

旺則加之美名逢死絕則稱爲惡曜名非有定星隨氣變者也

水火爲冶功能陶成星宿皆隨其氣以化也而論者以罡刼爲逢五之對待水弔煞乃罡刼之三合水非是罡煞辰戌也弔刼丑未也其中有不可犯之義存焉而古今多少聰明特達之士皆被三合所誤甚可嘆也

直解中天過移帝座卽江南龍來江北望之意其餘星宿名非有定星隨氣變者也

一句子曰罡是零神之氣刼是隣宮雜來之氣弔是

三方虛拱之氣三者俱謂之煞俱不可犯俗因四墓句指作辰戌丑未四金煞者誤也蔣氏得生旺等句將三代以下地書吉神惡曜創名立姓一總許盡

帝釋一神定縣府紫微同八武倒排父母養龍神富貴萬餘春

帝釋丙也八武壬也紫微亥也帝釋神之最尊故以縣府名之其實陰陽二宅得此貴之極矣然其妙用在乎倒排非正用也

雖云極貴亦須參明而取未可徒慕其名而亂用也

直解註云最尊最貴貴不在乎帝釋而貴在紫微

與八武同到也然其妙用在乎倒排非正排也所云倒排卽顛倒顛之倒排非左到右到之倒排也一句子曰壬丙山向天下縣府不知凡幾卽南北二京宮殿亦然本屬貴格而板守三般卦者以地元龍狹少之且孔墓是戌孫墓是辰四庫正天帝之所在果得眞局貴莫大焉特難爲不知局者道耳

識得父母三般卦便是眞神路北斗七星去打刼離宮要相合

上二句引起下文之義言識得三卦父母已是眞神路矣猶雖曉得北斗七星打刼之法則三般卦之精

髓方得而最上一乘之作用也北斗云何知離宮之相合即知北斗之義矣能明離宮之合元機盡得矣而先哲不肯指明者畏天譴耳

直解父母是經四位之父母三般是坎至巽巽至兌兌至坎顛倒顛之三般知此顛倒顛元空起父母之三般便是大元空之神路矣北斗者隨時立極之氣也隨時立極之氣日往月來星移斗轉縱橫顛倒總由此而使然也七星者由現在而逆推到第七也此處五行正與立極之氣相反最易發

禍要相合者要使發禍者變而爲福相反者轉而爲合也

附北斗打刼歌於後其法不外消五配十四字而已

歌曰

二十四山刼不同能知剝換是眞踪坤壬不是挨山法艮丙方成打刼功無形貴與有形合陽路來時暗路通雖云北斗七星位要把各宮配主東若有妙人能悟此富貴兩字在掌中山龍合此無差謬作法陽基又不同經曰中五立極臨制四方中者虛無寂寞

之象實爲歸根復命之地犯此刼者無不酷烈惟內刼尤甚在山龍取暗合以消其刼在陽宅忌明見以犯其鋒是刼法乃堪輿最上乘之作用故大卦五行一曰坤壬乙巨門從頭出次曰艮丙辛位位是破軍皆以坤艮居首蓋坤艮土也亦以明其殺之所由起也

一句子曰北斗者天上北斗主司元氣化育萬物者也故斗柄指東天下皆春斗杓指西天下皆秋一生一殺萬事萬物皆隨斗杓爲轉移打刼者刼取其氣也惟離宮相合則能打刼矣不相合則不能打刼也

如上元一白司令二黑即發然二黑尙屬上元而下元之七赤亦旺三碧司令而下元之八白九紫均旺故二黑七赤與一白離宮也相合也而一可刼一七可刼一矣八白九紫與三碧離宮也相合也而八可刼三九可刼三矣是葢一元而收兩元龍力之用尤屬秘中之妙妙中之秘最上一乘之作用也此一訣也又曰上元一白司令左逅乎丑右隣乎亥陰陽二宅壬亥癸丑在上元而發丁財貴顯在下元而發丁壽科名者何可勝數葢天地生成有雜局合之局備化工誠足惋惜用之則氣雜龍力壞大慮力輕奥語

云在人仔細辨天心者人當細細講求如交媾是雜發脈是雜水到是雜砂應是雜不得不遷就雜扦以合造化生成一定不移之妙也是亦一元而收兩元龍力之用此又一打刼之訣離宮相合之訣也必盡此二訣而打刼之義既得而此道之秘亦盡矣若夫作用之善全在人力用浮沉吞吐之法一收一放刼取眞元是又在高人意會而未可以顯言者也

子午卯酉四龍岡作祖人財旺水長百里佐君王水短便遭傷

取子午卯酉以其父母氣旺也言四正則四雜可以

例推矣水短遭傷以見出卦之故

直解四正之卦以地支爲主四隅之卦以乾坤艮巽爲主山水二龍均以此爲父母也　此節專辨山水二龍干支卦位之父母子息以辨力量之輕重也

一句子曰龍脈水氣俱喜長遠帝穴龍神五百里若然百里作王公

識得陰陽兩路行富貴達京城不識陰陽兩路行萬丈火坑深

此卽顛顛倒之意皆上文所已言而詠嘆之

此兩節承上叮嚀之意其曰富貴火坑其妙處全在識於不識而已

直解此識得二字明明對習術者而言也識得即識隨時而在之陰陽曉得隨在之陰陽陰陽二宅自然得心應手各並管郭流傳千古也倘不識此訣胡行亂作火坑深淺豈可窮其丈尺也哉

一句子曰陰是一路陽是一路本是截然兩路若眞識得此兩路於扦穴之時收入陽一路放出陰一路或順受其正或逆攝其情顚之倒之神化無方矣斯道也呼吸之間與鬼神合

前兼龍神前兼向聯珠莫相放後兼龍神後兼向排定陰陽算明得零神與正神指日入青雲不識零神與正神代代絕除根

龍神向首皆有兼前兼後之法兼者父母兼子息子息兼父母此卽正神零神之義

直解前兼後兼卽顧前顧後之意前兼者向上排龍也向上旣得生旺排到來山又生來山之生旺此謂之前兼後兼者山上排龍也山上旣得生旺排到向首又生向首之生旺此謂之後兼前與後零與正陰與陽總要排定何處得零何處得正分

別陰陽前後推算得失也

一句子曰零正兼排總在陰陽兩路

倒排父母是眞龍子息達天聰順排父母倒子息代代人財退

父母子息皆須倒排而不用順排如旺氣在坎癸倒排則不用坎癸而得眞旺氣順排則眞用坎癸而反得殺氣矣似是而非毫釐千里元空大卦千言萬語惟在於此

已詳奧語顚顚倒一節其中奧義盡在倒排順排之內矣

直解註云旺氣在坎癸倒排則不用坎癸而得眞旺氣者讀者須從廉武上去推求順排則眞用坎癸而反得其殺氣看五六不知到何卦位耳

一句子曰順排倒排者即顛顛倒也天聰財退者即珠寶火坑之義也

一龍宮中水便行子息受艱辛四三二一龍逆去四子均榮貴龍行位遠主離鄉四位發經商

此節又申言本卦水須折折相顧若一折之後便出本卦雖然得發必受艱辛矣必三四節逆去皆在本卦乃諸子齊發也位遠即出卦一出卦即主離鄉若

出卦之後又還歸本卦反主爲商得財而歸其應驗之不爽如此

此言出水之要須在父母之卦果是大地順來既好逆去亦合卦逆去如出父母之卦難免成敗之變立局合格尙有經商之望也

直解一龍者一節水也一節之後便流出卦子孫雖發必受艱辛四三二一龍逆去者巽震坤坎逆流而去也位遠離鄉言近水既流出卦畧遠又還歸本卦兒孫自有此應

時師不識挨星學只作天心摸東邊財穀引歸西北到

南方推老龍終日卧山中何嘗不易逢止是自家眼不的亂把山岡覔

東邊財穀二句託喻卽江南龍來江北望之義元空妙訣也嘆息世人不得眞傳胡行亂走旨哉言乎挨星之學知者鮮矣如長江大河限以東西南北無有寶筏未易可登彼岸每縱一葦於萬頃奈遇非其人猶之未濟而沉舟也渺渺苦海何處問津每將道側之杏村視作桃源之佳境未辨顏色空自奔馳故把金針而暗度以待漁郎之自入其曰老龍終日卧山中者俟積德者自入桃源但天律有禁必擇堅心

敬謹者而傳之耳

直解東引西歸北到南推二語眞青囊之秘天玉之奥矣老龍者是元空運行之龍也元空運行之龍自有元空尋覓之法反從山岡上去尋覓何異刻舟求劍耶

世人不知天機秘洩破有何益汝今傳得地中仙元空妙難言翻天倒地更元元大卦不易傳更有收山出殺訣亦兼爲汝說相逢大地能幾人個個是知心若還求地不種德穩口深藏舌

篇中述敘授受之意深戒曾公安之善寶之也結語

歸重於種德今之得傳者不愼擇人輕泄浪示雖得吉地不能實受其福矣而泄天寶者重違先師之戒其不干造物之怒而自取禍咎者幾希矣

天機者挨星之秘也始言地中仙繼云妙難言極爲鄭重之意結以求地種德一言其意深矣於戲非深明天機之元妙者何能出此語哉蔣公辨正註釋不肯顯言非有意以難學者緣天律有禁自古至今知者無幾卽得一眞穴而不失其向者亦鮮矣若妄泄天機亦不得享其安樂乃犯造物之忌也其許自悟者必須先清其慾慾清方可明理理明則知天命其

於窮通得失不至妄爲尋龍扦穴亦可得心應手矣然造物旣許其洞悉元機亦當隨分安命若作興家之術惟恐難從其願也設以地學行世者擇明德惡止可敷衍家計其餘濟之於世天地未嘗不容每有地師或得眞中之皮毛屢以僞法行世間有家興而目盲者亦有他疾而手足不仁者或議之曰因然眞穴所至此愚婦之識見惑世之言也天地旣以青囊傳世原欲人之識眞旣使人之識眞又欲人之用假我想天地豈有反覆之理乎庸師假此惑人喪天害理莫此爲甚嗟乎世人止知求富貴於地然富貴雖

中佳壞所出必先種德以培之而後求之乃不爽吉凶禍福莫不具之於地能體天地之道以行其德天地早生吉地以俟之縱無明師指點亦有神明以報之不然青囊未顯以前歷朝巨族名宦其地從何而得如或不培心德眞穴何可得耶試觀古來聖賢皆由祖功宗德所蔭故朝廷有追封三代之典必曰其祖某其父某以揚其德何樂如之苟不明此妄求富貴何與愚夫喫齋念佛日向泥塑之形以禱福澤甚可悲也末俗好拜佛先聖先賢日日可拜如何不拜末俗好誦經六經四書時時可誦如何不誦至聖孔

子三才中修道之教萬世之師也世世代簪纓皆從此
出乃背倫常正道共攻異端之習天地質所不容豈
能妄想其福澤卽邇來僧道兩門煽惑人心處處皆
然既入其門藉此爲衣食之計愚民被其煽惑妄想
富貴自投羅網耳溯佛教之源起於漢明帝漢明以
前毫無可考置之不倫可也道者乃老子道德之道
後人假此立義遂爲道教之道矣因於求地種德章
內節録太上感應篇數語以解天下後世愚民之惑
太上首言立德不言其道道者人所公共乃一太極
也德者任人自爲其權在我教人爲德猶之聖人作

易貴陽賤陰之意也陽氣主清爲天陰氣主濁爲地既分清濁禍福從此出矣故感應篇首言曰禍福無門唯人自召禍福乃言清濁之氣清主吉而濁主凶吉者福也凶者禍也禍福現成任人所取人爲萬物之靈三才卓立得其清氣爲賢得其濁氣爲愚清濁之氣與人刻不相離念動於內氣即流行於外雖動於念實由其氣此念之動皆因眼耳口鼻或視其物或聽其聲或辨其味或聞其氣此眼耳口鼻者皆氣往還之所也凡有作爲莫不本於一念之動如念之動爲德德乃主陽而陽氣自應若念之動爲惡惡乃

主陰而陰氣自應門者限也唯者乃言其人之氣自
與陰陽之氣相通一呼一吸莫不因之如影隨形何
可限哉禍福無常視其德惡如何故曰惟人自召三
尸神者三乃三才尸者體也神者氣也乃言天地與
人雖具三體其氣如出一口此承上禍福自召之義
也庚申日者庚申位位在西日行至此爲德者更須
自保莫以片刻之間有失一日之功爲惡者洗心自
改猶有陽光之照如再執迷頃刻西墜陽光全無則
陰氣迷矣卽以一日比人之一世已上乃詳三才三
綱之道下文接言灶者灶備五行之全缺一不可亦

五常之切要炊爨在此人賴以生五常有失則一家烟火絕矣此即上文算減則貧耗算盡則死亡之義云耳月晦者乃一尸之欲盡以一月比人之一世俗傳每逢庚申月晦之夜謂之欲滅三尸不卧以守甚矣既具人形何以冥頑不靈如此其極也又曰欲求天仙者當立一千三百善欲求地仙者當立三百善而仙之分天地者猶德之分大小也人之望天不知其幾千萬里凡有風雲變態衆所共見共知德以潤身無分賢愚男女老幼皆可修也人能誠心爲德其德純一有如山然惟山至高德亦如之世間最高之

地莫如爲德德者比人在山巔行動刻防有失所聽天籟所見崗林所聞清氣所食野蔬仰望惟天俯視茫茫而莫辨務要七情不亂六慾皆除情慾一絕其德日隆與天齊一故以仙喻之其云長生者乃身死名存同於不死百千萬世皆知此人所謂與天地同休矣古之聖賢不圖身前之榮辱忠臣義士不顧身後之浮沉亦得長生之道也所謂天仙地仙者猶之聖人賢人之分也其云一千三百之數乾坤三交化育萬物鍾靈毓秀聖賢迭出皆得天地之清氣也以千百之多寡比喻德之大小其下文云慈心及物慈

者善也善者德也卽是惟善爲實一心止之之謂也及物者物尙愛之而況於人乎此言爲德之至故以太極天地比之億兆蒼生均賴其德之化育也此通篇之義全是說仁義講道德發揮三綱五常正道屢見好事者妄爲詮釋全失篇中大旨多引詭言怪事煽惑人心並勸人喫齋念佛以興異端之教胡言亂道喪心若狂誤盡天下蒼生皆由此輩爲禍首也觀其所爲失時廢業盲修瞎煉無所不至甚至妄想成仙哀哉竟不知仙之爲何物也奉勸世人欲求長生以享福澤惟有是道則進非道則退不履邪徑不欺

暗室積德行仁慈心愛物正己化人忠孝友悌而已除此之外別無他法惟於德惡之間以定禍福之長促也至如地學雖爲術家之書亦是儒者正業楊曾廖賴蔡講蔣公諸前輩背其鄉井以遊天涯若以諸公之學以圖其利以從己欲何難之有哉先賢爲此良有以也既明地理理中有情情陷於理鄉黨之間難免無求不視德惡有喪天理一念一却有礙人情於是甘受貧苦萍踪浪跡留古蹟以傳後世亦得長生之一道也余因門祚衰薄幾世單傳人事何敢不盡幸假大緣晚生一子兼之貧病交迫爲此甘受磨

折據一已之微忱不得效諸前輩之逍遙以廣見聞惟有自嗟自嘆耳但諸家數學之書願世人不習爲妙若習之而不精不明以自誤者誤人參之入微曠功廢業習斯道者務要除其情慾別其德惡而後與人扞穴乃爲不背於理亦是替天行道因此敬釋感應一條爲天下後世求地者告焉

戒語此法造物之所忌先師之所秘恐人輕洩故於篇終特又叮嚀教戒之學者抱道自重無取災禍須當三緘其口

一句子曰蔣涯挨星多是山運收山水運收水之說

此篇結尾於大卦不易傳之下卽云更有收山出煞訣亦兼偽汝說玩更有亦兼四字語意可知收山出煞不止排水一法則收放之理全矣況此九星挨法卽邱公海角經亦不過曰但將向中裝本卦便知流水吉和凶亦以九星挨流水不以九星挨山峯海角又云要知此法由來處坐地翻來面向天此以七星挨山峯不以挨水也會覽之而楊曾之心傳可見矣蓋水裡有水裡之五行山上有山上之五行用法不同曾序不上山不下水已先下注脚卽青囊中篇歸重天星亦是此意夫山水是天地間兩大神器也山

之低處是水水之高處是山五岳川瀆並膺封祀故百川會海流水之吉凶既以九星之運行定之矣萬山宗岳出雲降雨障川洄瀾詎得曰謾無禍福乎更有收山出煞法豈欺我哉豈欺我哉

山洋行度心法秘旨

龍說

龍者何山之脈也山脈曷以龍名取其如龍之變化也龍神變化見而在於田飛而在於天躍而在於淵變化莫測山龍亦然山龍自峻嶺而下落脈於平崗平洋亦似神龍變化然神龍純陽無陰山龍純陰無陽平崗則爲太陰平洋又爲少陰至若土乃龍之肉石乃龍之骨草乃龍之毛穴有五色者乃龍之心肝脾肺腎也纏護之砂爲龍之雲龍要得水龍無水不行左右隨龍之水亦如龍之御天雲行而雨施也先賢以山取象於此者

夫亦可以得觀龍之法矣

龍法

尋龍先尋祖與宗不辨祖宗何足語泰山高聳是眞龍踴躍奔騰誰可比　龍脈自太祖而下有遠祖近宗有少祖少宗近穴爲父母去穴近者關禍福亦近去穴遠者關禍福亦遠故論祖者以少祖爲主而不必推極其遠者以龍氣長則福澤長龍氣短則福澤短其在高山則看起伏其在平地則看收斂若一望平洋如田有水流不過之處卽是龍脊必其有高平之阜卽爲祖宗不拘乾流濕流亦必宜上分下合中間節次自父母尋至

祖山少祖山乃龍出身處父母山乃龍入首處出身處要聳拔要開帳要合星體要中出要轉換要過峽要看枝脚要看纏護要看迎送要看死生強弱順逆進退要看其有無定穴處要知父母山一路貫串而來所謂父母山者在元武山頂之後穴中所乘之氣正是此山之氣父母山下發脈處爲胎如稟受父母之血脈爲胎也其下束氣處爲息如父母懷胎養息也再看星面起伏爲元武頂即化生腦即太極暈即土縮所謂孕也如孕之成如人之有頭面手脚形體也融結穴處爲育即毬簷之中即羅紋如子之出胎而育也入首處要看來勢

要看束脈要看有氣無氣要看形勢要看結局尋龍總以少祖爲主少祖之中要明五星五星之中要識五障木火定出元宰金土多旺田牛龍淸龍大亦主文章高貴水星多貴粗濁爲輕不問何星高秀者貴低濁者富一方有一方之祖先審其祖起於何處水源發於何處分枝何處水從何處來何處合砂自何處起何處交則知水來處是背合處是面砂身向外是背砂頭向內是面既知背面再看隨龍水趨向何處護龍砂彎抱何方則知砂水有情處是龍無情處非龍矣更有回龍顧祖結者以祖山作案有大回受小回受多是盡龍所結翻

身逆勢收本身砂水其力愈大發福自可綿遠
地理一道有何難義取陰陽兩字關全在明師親指點
打破元機好看山巒頭理氣均宜精不明此理最堪憐
山本屬陽水屬陰水動山靜兩般看陽爲夫兮陰爲婦
夫婦恩愛兩相當夫主施兮婦主承婦不承兮息不成
山無水界氣不住夫婦相交孕始生山水交兮眞氣聚
一動一靜是本根陰中有陽陽有陰乾坤配合易之門
若是山飛并水走二氣不交地不眞陽體高兮陰體平
高山爲陽平地陰乳突窩鉗同此義陰陽顚倒此之因
陰性翕兮陽舒散壠龍嶺聚枝散漫此等用神義攸深

窩鉗乳突同茲判

尋龍辨

尋龍先識行與止去來分合勿昏迷遊鱗風翼非真落勒馬橫弓識所之龍走未住曰行停住不去曰止何以知其行水之所分山之所發何以知其止山之所交水之所會龍因水界氣旋而止分牙佈爪龍欲行藏牙縮爪龍欲止撓掉閃後龍欲去手足向前龍欲住識龍行山山脫卸向前騰知龍止山山合抱如朝迎龍若出身必有自然之分水以導之龍若已止必有自然之合水以界之有合無分則其來不明有分無合則其止不真

此即水之分合而識龍之起止不然心目欠明起止莫辨徒將龍身撓掉溜下指爲乳頭混認左右枝脚鉗搭錯作龍虎糊塗認過亦有門戶堪觀精細看來不是眞龍任結撓掉溜下認作乳頭大龍轉折認作開窩迎送二砂認作龍虎即向人曰好個大地此腰結也這等瞎眼地師眞眞盲主盲賓害人非淺可不愼哉此是大龍身上過氣不是結作之所若果結地本龍聳起高頂精光閃鑠背後拖出鬼撑撑後又有樂山圍抱前面脫去老殼又從起頂處腰間紐出細脈名爲束氣又起串珠小泡一大一小跌斷過峽再起星體或走一二節脫胎

換骨束咽起頂結成星體窩鉗乳突穴情眞脈氣融和於穴前微茫鰕鬚水流入小明堂左右二砂環抱穴前出脈處名蟬翼砂外堂水或左水倒右要右砂長勒轉作案橫攔穴前遮住外洋之水面前外案亦要清秀或外山特來端正拱穴或兩傍高大星峯環抱穴塲生旺之砂內外之水明朝暗朝內水往左外水往右本宮之水左右合局此巒頭砂水俱已得之方言是地若外水往左出亦要左砂長關收作案法與右同有此證佐地乃不假此乃大龍腰結正合勒馬橫弓之句所以地理不明害敗多人悲哉今之延請地理者走到一方不論

山龍平崗或見一堆一泡就言是地暑有門戶可觀卽曰翰苑大地此等龍身撓掉不認講甚巒頭爾說吐乳開窩窩是陽窩乳是死乳全不想龍不起頂又無鬼落前不脫卸又無脈落上大下小一派死氣細看面前窩鉗乳突蝦鬚合襟明堂案山件件俱無只見一派汪洋之水大龍迎送砂你作龍虎雖然彎抱卻是斜側仔細看來上重下輕面山隔遠借來作案又是無情用土圭格之無向可立煞滅齊起此乃虛花之地斷不可用

帳辨

尋龍須要尋帳峽無峽有峯空雄甲就中尋穴穴豈無

難比大地眞融結　帳者龍之鋪張宏厚挺身轉翅旺氣發舒此穴之根本也峽者跌斷細嫩脫胎換骨龍之眞精收斂爲穴咽喉非貴龍不有此也若夫夾從纏護之龍星不開肩從何發舒氣不凝聚從何收斂此從龍之帳峽也龍峽之龍雖龍身頓起高峯祇爲他人旗鼓護衛之具所謂正龍身上不生峯生峯便是枝葉送帷有眞龍帳幔多貴人出入星高聳峽中脫換更重重穴結情形堪預度龍行開帳龍方貴脈出穿心脈始尊一重數重爲上格偏脈偏出爲下局

峽辨

龍若過峽脫卸處名曰結咽咽是人之性命峽關龍身生死來則於此脫胎換骨去則於此養成體局脈有長短正側之不同泥田石水之不一或來大去小或來小去大或有迎而無送或有送而無迎或欲渡而起天弧天角或將成而結鶴膝蜂腰不拘陰脈陽脈最喜重重包裸過峽宜近不宜遠宜窄不宜寬善尋龍者峽中之奧妙豈可不窮善審峽者穴中之情形自可預料正過者入穴亦正側過者入穴亦側山護者穴結山蔽水護者穴結水邊石脊與玉池殊峽泥峽與田峽異體故山谷之與田際局別高低去山小而無迎者氣將斂伏而

知其結作之在近去山大而有迎者氣正發洩而知其涉歷之必遙轉關出峽最怕風吹入首結胎尤縑水刼過峽處乃龍脫煞之所龍不過峽卽爲砂體過峽處要兩砂彎抱名曰送砂送砂之外又有兩砂夾護左右不離乃貼身之長班也最爲得力及至夾送到頭翻身逆勢實是得力之砂所云三山並出縮者爲先是也龍既過峽脫去老殼必起特立高星後兩邊溜下枝脚要與送砂相抱名曰迎砂此謂有迎有送但過峽處宜低不宜高宜細不宜粗宜短不宜長低則藏風高則露風短則力勁長則力慢其過有單清雙清何謂單清雙清一

字上過爲單淸兩字上過爲雙淸譬如一亥龍是正亥過曰單淸一半在壬一半在子曰雙淸一半在亥一半在壬則雙過而不淸單過者前去結地雙過者前去結地或結廟塲凡看地者宜曉峽上過脈眞竅無愧人間行地仙矣一枝東一枝西要識陰陽這個機識得陰陽這個竅前程千里穴須知一枝南一枝北要把羅經分皂白奇毛異骨識雌雄識得雌雄龍便得龍有單行雙行單行者吉雙行者有吉有凶二十四單龍二十四雙龍雙龍過峽有二十局吉有十四局凶吉者陰陽二宅平安吉慶凶者禍不旋踵此訣不關龍穴砂水都是峽

上之竅所以有龍不可兼者兼而不利也故云辛戌乾亥亥壬加癸丑艮寅怕虎牙甲卯卯乙休相見辰巽巽巳莫逢他丙午午丁雙煞躍未坤申庚亂如麻酉辛雙峽不宜過此是夾煞定無差凡事要的確為準那有假說欺世不信但看過峽處土色若峽是青黃紅白黑穴內亦是青黃紅白黑過峽石穴中亦石名石占穴過峽水穴中亦水名龍泉穴過峽泥穴中亦泥名龍髓穴要遍山無穴中獨有此為眞的開穴有開出古器異物者乃前名士所藏之物也開穴有開出飛禽走獸怪石者都要在峽上細心會意方可得知書傳難言必須面授

有開出蛇蟲蝦蟆小龜螺螄螃蟹生氣者此不足奇蟲類山中廣多何足道哉

凡尋龍者要得竅不得竅指鹿爲馬則何益矣總要在過峽處定一羅經方知何龍出身單脈雙脈龍從何處去細認星體是何星起勢行度往何方則知此去結地不結地結地者尋往前去不結地者枉費心機富貴貧賤壽夭窮通在此辨別龍雖在地關實在天天何以見聖人曰爲政以德譬如北辰居其所而衆星拱之是也辰在斗內斗有九星居其建極以運四方二十八宿周天經星布列於外環拱北辰堪輿之法也穴塲者北辰

也龍神者九星也砂者二十八宿也水者蝦鬚也用九星看龍神用二十八宿看砂所謂二十八宿正謂此耳至若五星正體九星變法皆官搜尋北辰北辰者九星所拱照也九星者天之斗柄也隨月而轉晝夜不停書云斗柄指寅天下皆春正月在寅二月在卯三月在辰一年十二月一月則指一字北斗七星左有輔右有弼故稱九星九星者貪巨祿文廉武破輔弼是也此九星在天成象在地成形以龍身之行度變態無窮故以九星龍體看龍神行度以辨其有無北斗第一星艮丙貪狼木第二星巽辛巨門土第三星乾甲祿存土第四星

離壬寅戌文曲水第五星震庚亥未廉貞火第六星兌丁巳丑武曲金第七星坎癸申辰破軍金第八星輔弼坤乙未九星只有八位何也左輔右弼共一卦各管一卦一卦三山此九星納甲所屬又有九星方位貪狼一白坎巨門二黑坤祿存三碧震文曲四綠巽廉貞五黃中武曲六白乾破軍七赤兌左輔八白艮右弼九紫離此洛書之戴九履一左三右七二四爲肩六八爲足五黃中宮所謂九宮八卦是也用法以斗柄之貪狼洛書之紫白兩下合而爲一看巒頭之砂無不的確譬如貪狼木龍往北行爲一白水得生地也水生木結大地認

定星體在峽上用羅經格定某龍往某方則知前去結地不結地地之大小皆在峽上定之

貪狼卽紫氣木身直而長頭圓而正

木星龍行一白坎壬子癸三方貪狼特起如潛龍出海結王侯宰輔之地

木星龍行二黑坤未坤申三方不結

木星龍行三碧震甲卯乙三方如枯木逢春之象結大地出人襟懷瀟洒資性聰明科甲聯登應甲卯乙生人寅卯辰發福

木星龍行四綠巽辰巽巳三方辰爲天罡出異術賢士

名馳海內巳出巨流之輩巽龍有此丙辛化水謂枯苗得雨結地最秀官居翰苑

木星爲中宮穴後有此木星者謂之貴人星上格出仙聖中格出翰林官可開府下格出科第

木星龍行六白乾戌乾亥三方亥龍上吉謂之木生在亥亥乃紫微垣艮爲天市垣故結大地生人富而且貴福祿無疆乾龍見之木盡灰飛烟包灰袋出軍賊戌龍見之主回祿

木星龍行七赤兌庚酉辛三方庚納於震出威武賢才之人立業邊疆酉龍見之賢人處非其地出人隱迹山

林辛龍見之爲天乙星結大地定主宰輔狀元出將入
相之貴
木星龍行八白艮丑艮寅三方如麒麟遊郊鳳凰來儀
之象主白日昇仙丑龍見之不吉若有旗鼓戈矛出武
職官員艮龍見之前去結大地產忠臣孝子三公九卿
之榮寅龍見之寅爲三陽之地前去拱護水口爲華表
捍門
木星龍行九紫離丙午丁三方午爲聖人之門若文星
高插霄漢產奇人異士學貫天人號爲獨步丹霄之格
丙乃大微垣峯起貪狼却也難得前去結影光穴生科

第公卿之人丁龍見之丁爲南極此峯秀拔若轉西兌
結穴貴入翰林而多壽考

巨門方正如櫃微長而方稍帶斜側在天爲天醫
在人爲救貧之神喜生六秀之方

土星龍行一白坎壬子癸三方壬天干陽水未免陽清
土濁不靜之象不結子癸二龍見此星出顯宦爲水土
歸垣流行數里主結大地

土星龍行二黑坤未坤申三方此巨門得位前去結天
財體穴或大金星開窩穴生端方正直之人家多金帛
田連阡陌

土星龍行三碧震甲卯乙三方甲爲旺龍見巨門土木尅土前去懶緩不結爲水口拱護砂卯龍爲雷風鼓舞之局出人威勇乙爲天罡傍伏之龍巨門發足純陽不結

土星龍行四綠巽辰巽巳三方辰爲天罡藏金煞爲巨門會羊刃龍與吉星會出將功成名立與凶星會產屠宰之輩辰龍出脈結京城會省巽龍本巨門吉星此星行度大山落脈結州城府縣行山谷結土腹藏金之局只主巨富小貴而已巳龍見之金長生地巨門土生金謂之地不愛寶結大富小貴地

土星人中宮穴後見之結流金掛角生端方正直之人
開展基業致富數代
土星龍行六白乾戌乾亥三方戌爲婁金煞得吉星會
出武將開國功臣與凶星會出屠宰乾龍見之乃孤龍
也獨聳雲霄落下平崗定結大地不落只可作水口神
壇亥龍見之亥爲天門見巨門土土生金結大地生宰
輔狀元翰苑才名之貴
土星龍行七赤兌庚酉辛三方庚龍天潢也庚納於震
巨門巽也爲雷風相薄又長女配長男夫婦相配結大
地生功名富貴聲聞赫奕之人酉龍見之爲三合龍前

去結蟠龍穴或伏虎形腓族且主貴顯辛龍見之爲鳴鳳朝陽格大山聳拔必出狀元宰相中等龍開府屏翰下等龍科貢秀士

土星龍行八白艮丑艮寅三方丑爲武庫與巨門相見爲金臨庫地前去不結乃倉庫護砂也艮龍見土星號天財主大富爲祿存得位寅龍見之龍帶天刑賊格也陰陽不配多生盲聾跛跎之人

土星龍行九紫離丙午丁三方丙乃大薇垣得此星爲主號天岳峙對縱橫十數里過峽必起勢龍行十餘里多起龍樓鳳閣結平地平洋或田邊水邊方結大地午

龍見之乃陰曜輔金潛伏或轉變木星始結大地不變不結丁龍見之丁納於兌武曲見巨門前去十數里必結大地若蘆鞭龍結鋪地梅花形

祿存形類巨門但脚如耙齒斜側無收拾為人間禍福之神

祿存土星龍行一白坎壬子癸三方壬見之為遊魂龍不結子癸二龍見之為六煞星又為破敗龍不結祿存土星龍行一黑坤未坤申三方未龍見之為剛暴不結坤龍見之坤先天在北乾先天在南是為夫婦若得此星聳起雲霄前去必結純陽之地出神仙羽客飛

昇之人由龍爲祿存與破軍相會凶惡之極必水沖風射崩陷破碎定不結地

祿存土龍行三碧震甲卯乙三方木無枝葉主人家零落卯龍見之形如瓜匏聯延數里前去再起結穴平洋乙龍見之與祿存會乃羊刃煞斷不結穴

祿存土龍行四綠巽辰巽巳三方辰爲天罡亢金龍所居若起高大雄星前去數十里或數百里結京城省會大龍過峽結穴總不離辰戌丑未四字無此不爲大結亢金與祿存會乃刃煞也多結河泊曠野之所若巽龍見之委靡鬼詐進退不果得乾剛健以濟之前去飛揚

鼓舞變吉宿結大地不可因祿存而棄也巳龍見之雖
起伏結穴出人無壽凡龍神最忌剝削
土龍入中宮穴後見之爲祿存鬼與吉星會則吉與凶
星會則凶謂之孽邪欺主
祿存土星行六白乾戌乾亥三方戌爲婁金煞納於離
文曲與祿存遇甲木死於午龍神死地不吉乾陽見之
祿存相會謂之乾歸乾位前去必結陽基陰砂陽水陽
基係寅午戌結局大吉亥龍見之亥乃天皇龍祿存大
煞星如武將奉君命以制四方弁亥龍祿存起頂者必
變吉星結穴穴出衆山之中所以有凶星變吉星者結

穴近有吉星變出懶坦者結穴尚遠

祿存土星龍行七赤兌庚酉辛三方庚天潢龍也見祿存爲火煆剛金甚庚應嘴火之氣又屬陽金乾甲爆暴之神祿存屬土爲火所生土能生金謂之寒谷回春龍從火星前去結大地生人功業成於頃刻龍穴之奇特也酉龍金旺之地得乾甲祿存土臨之如寶劍光輝謂之強龍前去變換結地立功邊庭出武職辛龍天乙貴人見祿存土貴人登將台爲朱雀乘風格必變六秀局人才出衆功名科甲

祿存土龍行八白艮丑艮寅三方丑爲貴人星得祿存

土星起頂如太山喬岳人所共仰萬仞壁立前去脫卸或轉西兌會六秀結穴必大艮龍見之艮天市垣祿存大煞星艮見祿存爲破敗艮納丙丙入午爲羊刃不吉前去必生峻險石壁不結寅陽龍火長生之地謂之火旺於火剛暴不結

祿存土龍行九紫離丙午丁三方丙龍陽火見祿存土火氣發越其焰愈烈多結龍潭社廟之所午龍見之一陰初生木死絕鄉木盡灰飛靈氣不鍾前去分枝散亂不結丁龍見之丁南極壽星祿存臨之丁祿居午前去必結土金穴

文曲水星氣降人間爲遊魂

文曲水星行一白坎壬子癸三方壬龍死絕子癸一龍刑沖爲塘池沼溪澗湖之所

文曲水星行二黑坤未坤申三方未納震壬納離干支相戰不結坤龍見之坤爲地與文曲相刑前去多溪澗田塘汚泥之處申龍申乃壬水長生見此死絕之氣不結

文曲水龍行三碧震甲卯乙三方甲爲羊刃卯龍見之不結卯破午也乙龍見之乙木生午乃長生之地前去變換吉星結金水三台穴

文曲水龍行川綠巽辰巽巳三方辛金生癸水有金白水清之象辰龍見之辰納於坎午壬寅戌文曲水水火旣濟持身清潔日月同光結地生理學傳家巽龍見文曲枯苗得雨逶迤前去結飛鳳冲霄或長虹飲水蝴蝶戲風等穴水星扞動處最的人財兩旺科甲聯登巳龍見文曲乙庚化金夫從妻化天乙太乙起峯結地合六秀生人資性聰敏果斷有爲

入中宮穴後見之必要水木擺動方吉

文曲水龍行六白乾戌乾亥三方戌龍見之乃文曲本宮多遊蕩少成實多結荒郊曠野亥龍見之水歸大海

前去必橫木星結穴

文曲水龍行七赤兌庚酉辛三方庚陽金午乙木乙庚化金夫從妻化前去必結太陽開窩或懸乳金水擺動穴生人英勇廣智多謀酉龍見之水土沐浴之所文逢文曲敗蕩無收不結辛龍見之辛壬會合前去跌斷復起結穴風吹羅帶形鋪地梅花形

文曲水龍行八白艮丑艮寅三方艮見之文曲水生貪狼木蛟龍得雨龍氣飛揚前去結木星穴伏虎形象鼻捲湖形生人激濁揚清沽名弔譽丑寅二龍乃鬼刼也不結

文曲水龍行九紫離丙午丁三方爲大本宮火見水不結八卦離壬寅戌爲火離屬火九星位又屬文曲水尋龍以水爲主卜卦以火爲主文曲水星乃懶緩之神多見於龍身轉換之處若論五行非水不生非土不載論巒頭若得水星起頂作勢前去轉換吉星結大地若與凶星會又卸陷則凶凡天下之名山起眼一看總是一個大漲天水星包涵萬象

廉貞位起東方帝出之鄉九星惟此獨尊

廉貞第五星正五黃位居中宮穴山無此作祖龍雖變換爲官難至三公惟亥龍最吉亥乃紫微垣上帝所居

廉貞在帝位之傍左執法宿也凡穴後爲中宮或兩旁當前謂之照穴此星聯於艮換貪狼謂之木生於亥學堂之文星也高聳者出聖仙頽低者出魁元再低者出解元故云聯氣高聳者火星也頽低者木星也再低者金星也不論高低總以頂尖者爲火星也高者力猛低者力微

廉貞火龍行一白坎壬子癸三方壬陽水廉貞火盛大破敗之鄉不結子癸二龍見之與破軍相犯破軍本剛金遇廉貞陽火火龍遊坎水必前去迢迢變換星體結公侯將相之地

廉貞火龍行二黑坤未坤申三方未藏鬼金不宜見火不結坤龍老陰丙火死絕傷殘不結申龍水之長生先天艮後天申廉貞爲六冲不結

廉貞火龍行三碧震甲卯乙三方甲陽木見火爲木盡灰飛不結卯龍見之木生萬仞前去開髀展翅變換貪狼木星結飛鳳冲霄黃龍出海帳下貴人等穴乙龍乙木陰柔此星作祖以小人當作大任散漫跌斷不結廟塲而已

廉貞火龍行四綠巽辰巽巳三方辰龍亢金遇火不結巽龍巽乃六秀火星作祖以辛金遇艮乃龍出海風雷

顯赫飛舞揚威必結大地科甲綿長人烟廣眾巳龍金
生在巳火星相尅前去峻嶺壁立萬仞龍潭蛟龍棲焉
入中宮前巳言之茲不另載
廉貞火龍行六白乾戌乾亥三方戌龍文曲水廉貞火
相尅不結乾老陽見之過於燥暴多結假穴若無變換
星體誤扦者絕嗣亥龍見廉貞照耀天門向明出治之
象起龍樓鳳閣變二陽金水作穴貴居一品
廉貞火龍行七赤兌庚酉辛三方庚龍見火星聳龍飛
躍前去轉輔弼臨田畔變天財土星結大地酉龍武曲
相會謂之山澤通氣前去必結三台水穴金辛龍見之

謂之天門地戶前去必結巨門太陽金水穴
廉貞火龍行八白艮丑艮寅三方丑龍牛金煞再起廉
貞火金剛火烈其煞更重只好拱護水口不結地也艮
龍見之謂之虛涵太乙若傍長江大河結郡邑市鎮生
山谷必轉天財三台生三公九卿之貴寅龍寅納於離
遇廉貞爲羊刃狂龍不結
廉貞火龍行九紫離丙午丁三方丙大微垣氣屬貪狼
火星出見木火通明前去金水行龍得紫微星照爲上
格發大族名家午龍正陽之位火氣大壯文曲乃遊魂
之神與星相尅前去必散漫不結爲河泊池湖丁龍丁

壽星化氣得木綱於兌又爲武曲廉貞火尅武曲金武曲金尅化氣木三氣相間前去無局可結

武曲形類太陽頭員而高聳氣降人間爲福德之神金星是也

武曲金龍行一白坎壬子癸三斤壬龍陽水見武曲水逢沐浴未免傷殘難以結穴子癸二龍一陽初升逢武曲六陽盛大前去轉換至巳六陽之地金水三台必結大地

武曲金龍行二黑坤未坤申三方未龍藏金煞見武曲金尅制龍氣不結鬼金雄大健旺前去結州城府縣坤

申二龍若武曲金作祖土金相生其氣盛大龍轉酉辛再換乾亥金水結穴亦可出將入相

武曲金龍行三碧震甲卯乙三方甲乙二龍起武曲星木氣傷殘枝枯葉落眞氣不聚去必散漫文曲破局當爲窄狹巖谷之所卯龍見武曲震納庚庚金生巳巳爲武曲靈氣聚行數里必變金水出帳結成梅花貴格

武曲金龍行四綠巽辰巽巳三方巳龍合六秀武曲金金水扶陽前去轉巨門土結穴富貴壽考辰龍亢金見武曲金前去結金水穴或結省會巽爲陽璇之龍武曲丙丁互換必開玉關金鎖斷跌平洋轉巳再轉坤申復

歸巽巳水木行龍作穴明堂寬大應龍高起大旺人財
陰陽兩結富貴不絕
武曲入中宮穴後有此武曲金星應穴乃六秀所鍾此
穴大吉
武曲金星行六白乾戌乾亥三方戌龍納離武曲見之
氣洩不結立廟可也乾龍有此星乾純陽武曲起頂煞
氣太重須脫卸變換乾艮丙辛四龍方可結穴亥龍酉
北紫微垣是眞武坐壇格前去變金水三台起五腦芙
蓉帳必結木星開口穴有三穴天地人
武曲金龍行七赤兌庚酉辛三方庚龍納於震氣行於

亥武曲兌兌納丁丁庚相配夫婦相會丁壬化木開帳
木火轉換木星結飛鳳形酉龍旺氣剛暴轉換金水開
芙蓉帳結將軍大座寶劍出匣辛龍辛納於巽遇六秀
前去變金絲鑾格帳下貴人轉誥軸天財穴
武曲金龍行八白艮丑艮寅三方丑龍武庫得武曲金
武將當權專城前去變金水帳文曲星過峽換貪狼或
倒地木流山木轉金鵝展翅長虹飲水金水梅花穴艮
龍納丙逢武曲光輝燦爛但木逢金尅煞盡還魂轉金
水芙蓉帳取木氣結穴大吉寅龍寅納於離武曲氣不
相通不結

武曲金龍行九紫離丙午丁三方丙太微垣得武曲爲武將登壇控制四方眞貴格也前去必轉西兌應六秀穴或蟠龍形或白象捲湖形午龍午正陽之位金居午位號金烏當天照臨四海亦貴格也前去見冕旒土必變金水結穴丁龍丁南極星午赦文星亦不易得轉六秀結穴乃科甲將相封侯之地貴而多壽

破軍頭高大形類武曲金但腳散亂拖出飛斜形如破傘凡破軍星作祖正出不結角落變金水乃結在天專肅殺之權氣降人間爲絕體此星行龍不怕風吹水刼能再興營寨作穴也

破軍龍行一白坎壬子癸三方壬陽水爲破敗散龍不結子癸二龍見破軍爲萬水朝宗之象去必威武奮揚起伏至數百里或千餘里起伏盤旋開脟開帳分枝大則京省亦則州城府縣小則大鎮市大鄉村大戰塲名山勝景及至盡處結虎形二龍戲珠形貪狼出脈王侯地也餘氣散漫散於江邊作黍麥地一片平洋行百餘里

破軍龍行二黑坤未坤申三方未鬼金二十八宿惟鬼宿二度半龍身上有破軍星出現如大將乘權四方畏懼行龍定是幹龍前去必結大地

坤申二龍爲老陽申水長生之位破軍見之純陰秉政后妃掌位前去必成深淵陰氣凝聚寒冷之所不結穴也

破軍龍行三碧震甲卯乙三方甲乙二龍見破軍金木傷剝削不結卯龍見之前去必轉西兌變金水結穴

破軍龍行四綠巽辰巽巳三方辰龍見破軍金煞會金煞爲破旗結神壇社廟之所或作旗鼓水口之砂巽龍會破軍必起水星帳護正龍左右砂形如令旗又作羅城水口巳龍有破軍星作祖得三合酉方金氣前去必變武曲金水行龍穴結祥雲捧月

入中宮穴後見之破軍爲主星金氣大盛肅殺之氣時令爲秋凶惡之星穴吉輔金穴凶孤曜

破軍龍行六白乾戌乾亥三方戌乾二龍見之爲破軍張綱凶惡之極不結亥龍見破軍爲小人居貴垣不祥之兆必須前去變換脫卸自與營寨自立門戶方可結穴衣食二字而已

破軍龍行七赤兌庚酉辛三方庚見破軍庚納於震金尅木乃敗傷龍不結必變換乃可否則水口砂也酉正西乃旗星也坐萬山之中有衆星拱衛正西方捲旗星出威武專城之職星體莊嚴出將入相之地辛天乙星

見破軍爲得貴人乘權之象前去必起巨門尊星變金水行龍結荷花形

破軍龍行八白艮丑艮寅三方丑武庫見破軍旌旗擾擾行兵之象庚丁會合前去必變金水行龍結黃龍出洞黃龍吐氣等形艮龍見之爲血光星前去作護衛砂貴龍成郡邑靈氣不聚不結寅龍火之長生破軍藏戊土戊丙會合隱迹潛逃前去數十里必有修仙煉丹之所名山大川難以結穴

破軍龍行九紫離丙午丁三方午正陽人君向明之所見破軍不祥之兆不結丙太微司人間禍福破軍在酉

財貨之神前去必頓伏變金水龍帶巳行結入烟市鎮之所丁南極星見破軍前去變成文曲散漫不結

左輔屬金多生過峽結穴之所過峽有此星是迎送二砂結穴有此星爲飛鵝輔星結穴與衆不同所以正龍過峽處有結地者皆輔星所結正正大大之結出人正大富秀長久或峽前結或峽後結古云峽前峽後好尋龍輔星本屬金九星坤乙輔弼土取土生金五行中非土不生有輔佐之義焉

左輔星生一白坎壬子癸三方壬陽水左輔微弱之金必怠緩不結子癸二龍有左輔星如月照寒潭令人可

愛前去必變蜂腰鶴膝或金水行龍結大地

左輔星龍生二黑坤未坤申三方未合震木木氣收藏不結坤申水土龍龍氣發洩不結

輔星龍生三碧震甲卯乙三方皆賤龍左輔貴秀輔非其主金木相尅不結震納庚帝出乎震起頂脫卸起一高岡彎彎向前是左輔結大地

左輔龍生四綠巽辰巽巳三方巽柔木輔柔金靈氣不振不結辰乃在淵之龍忌見之不結巳乃金長生地以金相金氣必大振起武曲或巨門結穴

入中宮廉貞之位艮氣旺鄉左輔所居之地與天地同

氣廉貞作祖得左輔在於穴側者大結也
輔星龍生六白乾戌乾亥三方戌乾二龍爲陽樞陰陽
混雜不結亥龍天皇也左輔貴宿輔佐艮亥相合木氣
盛大必起出陣貪狼木星結大地
輔星龍生七赤兌庚酉辛三方庚納於震後天與艮相
聯見左輔前去飛舞振作成金水三台帳下貴人格酉
龍酉金見之懶緩不結辛龍納於巽見左輔爲貴人秉
印劄天關地軸是也前去開帳展翅變木火行龍結穴
輔星龍生八白艮丑艮寅三方爲兵木宮艮天市垣掌
天下財帛之星也龍格難得此星結局富貴雙全之地

輔星龍生九紫離丙午丁三方丙納於艮左輔居之形長而方爲歸本宮結穴午丁二龍見之與右弼相合前去變成金水局

右弼屬水位居九宮之末蓋與帝星相見乎離五行非水不生九星中巨門坤乙土陽氣極於午穴上一星流動不滯屈曲如蛇近看似有遠看則無最要細心體認

右弼龍生一白坎壬子癸三方坎北方陽水也弼陰水也九星輔弼坤乙土尅壬子癸三方之水弼水坎水二水大旺水多則流水旺則蕩不結

右弼龍生二黑坤未坤申三方未合卯枯木發生必轉換倒地木星結穴坤乙龍土與右弼土二土混雜不結右弼龍生三碧震甲卯乙三方甲龍祿存見弼土不結乙龍見弼土不結卯龍見右弼如蛟龍得雲雨之象如生蛇屈曲起伏盤旋翻身逆勢仰面張潮大結作四神八將俱來拱峙名播華夷远鎮大藩右弼龍生四綠巽辰巽巳三方辰龍亢金不結巽巳二龍見右弼水必縱橫龍行水木結穴

入中宮有此護穴者謂蟬翼砂大吉

右弼龍生六白乾戌乾亥三方戌納離離得水不結乾

亥二龍乾老陽見右弼水雖有生氣結地不大亥龍見
右弼亥天皇見左輔如忠臣護國赤子依親結地長久
右弼龍生七赤兌庚酉辛三方庚納於震逢水得生酉
辛二金龍見右弼水金見水如古鏡重磨燦爛光輝前
去變水木龍結穴富貴綿遠
右弼龍生八白艮丑艮寅三方丑寄於兌見弼水生艮
丙貪狠木行龍逢生結水木蘆鞭穴寅龍寄離右弼微
弱之水若行離火不結
右弼龍生九紫離丙午丁三方丙見之氣不隱藏明曜
發怒前去變換丁龍結盤龍形出人多富壽丁龍見之

丁屬木逢水生之水氣會合前去數十里變換結穴午
龍見之爲水扶陽光踴躍前去變換結七星寶劍形龍
虎兩抱砂水秀麗公侯將相貴無疑矣
以上貪巨祿文廉武破輔弼天上之九星也龍雖結
地先從帳峽看起認定巒頭是何星起勢故以天象
觀之至若結穴各不相同變態無方有結無結總在
過峽上用羅經辨其吉凶打破此竅方知前去結地
不結地細看此篇熟記於心看地就有把柄